ERLÄUTERUNGEN UND DOKUMENTE

Arthur Schnitzler
Reigen

Von Thomas Koebner

Philipp Reclam jun. Stuttgart

Arthur Schnitzlers *Reigen* liegt unter Nr. 18158 in Reclams Universal-Bibliothek vor. Auf diese Ausgabe beziehen sich die Seiten- und Zeilenangaben in den Wort- und Sacherklärungen.

RECLAMS UNIVERSAL-BIBLIOTHEK Nr. 16006
Alle Rechte vorbehalten
© 1997 Philipp Reclam jun. GmbH & Co. KG, Stuttgart
Gesamtherstellung: Reclam, Ditzingen. Printed in Germany 2012
RECLAM, UNIVERSAL-BIBLIOTHEK und
RECLAMS UNIVERSAL-BIBLIOTHEK sind eingetragene Marken
der Philipp Reclam jun. GmbH & Co. KG, Stuttgart
ISBN 978-3-15-016006-0

www.reclam.de

Inhalt

ARTHUR
SCHNITZLER
REIGEN
ZEHN DIALOGE
GESCHRIEBEN WINTER 1896-97
BUCHSCHMUCK VON BERTHOLD LÖFFLER

WIENER VERLAG
WIEN UND LEIPZIG
1903

Titelblatt der ersten Buchausgabe

I. Wort- und Sacherklärungen

Die Dirne und der Soldat

7,2 *Augartenbrücke:* Brücke unmittelbar am Donaukanal in Wien; damals weitgehend unbebautes freies Gelände.

7,24 f. *Seiteng'wehr:* Seitengewehr: an der Seite des Gewehrlaufs aufgesteckte Stichwaffe, Bajonett.

8,10 *Schiffgassen:* Straße im ärmlichen 2. Wiener Bezirk, in dem die Prostitution verbreitet war.

8,28 *Pussel:* Busserl: (bair.-österr.) Küßchen.

11,4 *Wurzen:* (österr.) einer, der sich ausnutzen läßt.

11,7 *Strizzi:* von ital. *strizzare* ›pressen, ausdrücken‹, (südostdt.) Strolch, Zuhälter.
Fallott: auch *Falott* oder *Fallot:* (österr.) Lump, Gauner, Betrüger.

Der Soldat und das Stubenmädchen

12,27 *mir sein mir:* (österr., Dialekt) wir sind wir.

13,5 *Swoboda:* Tanzlokal im Prater.
mollert: mollert ›mollig‹: rundlich, vollschlank, üppig.

17,17 f. *Porzellangasse:* Straße im 9. Wiener Bezirk, rund 45 Gehminuten vom Prater entfernt.

Das Stubenmädchen und der junge Herr

19,8 *französischer Roman:* wohl zu verstehen als Roman über Liebesverwicklungen, vielleicht erotisch-verfänglichen Inhalts.

20,28 *Schneckerln:* weibliche Frisur mit zwei schneckenförmig aufgerollten Zöpfen.

Der junge Herr und die junge Frau

25,3 *Schwindgasse:* Straße im gutbürgerlichen 4. Wiener Bezirk.

25,12 *Trumeau:* (frz.) Fenster-, Tür-, Mauerpfeiler, auch Wandspiegel an einem Pfeiler zwischen zwei Fenstern; hier wohl das letztere.

25,17 *Fauteuil:* (frz.) Armsessel.

26,11 *tamburierten:* bestickten.

27,28 *Emma:* Der Name der jungen Frau erinnert an Emma Bovary, die weibliche Hauptfigur in Gustave Flauberts Roman *Madame Bovary* (1857), die sich als Ehefrau eines langweiligen Provinzapothekers das Abenteuer der großen Liebe ersehnt.

27,32 *Pelzmantille:* hier: cape-artiger Pelzmantel oder mit Pelzkragen besetzter Mantel, der bis an die Knie reicht.

33,13 *kandierte:* mit einer Zuckerlösung überzogene.

34,8 *Taille:* hier: Mieder, Leibchen.

34,24 *Odilon:* Helene O., 1865 in Dresden geboren, Schauspielerin in Meißen, Berlin und Wien, am dortigen Deutschen Volkstheater; spielte oft die naive Liebhaberin, später die Salondame, vor allem in französischen Sittenstükken.

35,29 *Stendhal:* Pseudonym für Marie-Henri Beyle (1783–1843), französischer Romanautor.

35,33 *»Psychologie de l'amour«:* Gemeint ist das viel gelesene Werk Stendhals *De l'amour* (1822; dt. *Über die Liebe*).

36,27 *Bramarbas:* Prahlhans, Aufschneider.

39,1 *Quadrille:* (frz.) Tanz von vier Paaren; überhaupt Anordnung von vier Paaren.

39,35 *Gilet:* (frz.) ärmellose Weste.

40,20 *Sack:* hier: Frauenhandtasche.

Schuhknöpfler: Gerät zum Zuknöpfen der Schuhe, das früher gebräuchlich war.

41,7 *Bäckerei:* hier: Backwerk.

42,11 *Kotillon:* (frz.) urspr. ›Unterrock‹; in erweiterter Bedeutung aus Frankreich stammender Gesellschaftstanz, reizvoll durch die beiderseitige Freiheit der Partnerwahl, durch Neckereien, kleine Geschenke und die Erfindung vieler Figuren.

Die junge Frau und der Ehemann

53,16 *feindliche Leben:* »Der Mann muß hinaus ins feindliche Leben«: aus Friedrich Schillers Gedicht *Das Lied von der Glocke* (1799).

Der Gatte und das süße Mädel

54,2 *Cabinet particulier:* (frz.) Privatraum, Nebenzimmer. *Riedhof:* Restaurant mit Chambres séparées, intimen Nebenräumen, im eher kleinbürgerlichen 8. Wiener Bezirk, der Josefstadt.

54,4 f. *Obersschaumbaisers:* Obers: Rahm; Baiser: (frz.) Kuß; Gebäck aus Eischnee und Zucker; zwei mit Schlagsahne gefüllte Baiser-Halbkugeln.

55,26 f. *Chambre séparée:* (frz.) kleiner Nebenraum in Restaurants für intime Zusammenkünfte.

56,19 *Singerstraßen:* Straße im vornehmen 1. Wiener Bezirk.

58,32 *Malheur:* (frz.) Unglück, Pech.

62,34 f. *vis-à-vis:* (frz.) gegenüber.

62,35 *Strozzigasse:* Straße im 8. Wiener Bezirk.

63,9 *raunzen:* (südostdt., umgangsspr.) brummeln, nörgeln.

67,30 *sekier:* sekkieren: (bayr.-österr.) belästigen, quälen, ärgern.

Das süße Mädel und der Dichter

72,5 *Pianino:* Klavier.

73,4 *Weidling am Bach:* Ort westlich von Wien.

76,10 *Souper:* (frz.) Abendessen.

77,6 *Nah und fern zugleich:* vgl. Helena in Goethes *Faust II*, V. 9411 f.: »Ich fühle mich so fern und doch so nah, / Und sage nur zu gern: Da bin ich! Da!«

80,6 *Cavalleria: Cavalleria rusticana*, melodramatische Oper in einem Aufzug von Pietro Mascagni, 1890 in Rom uraufgeführt.

80,8 *Burgtheater:* seinerzeit die bedeutendste Bühne Wiens für das Sprechtheater.

81,7 *Schnittwarenkommis:* Schnittwaren: Textilien, die mit der Schere abgeschnitten werden; Kommis: (frz.) Handlungsgehilfe.

Der Dichter und die Schauspielerin

85,5 *Schauspielerin:* Als Vorbild für diese Figur erkannten die Freunde Schnitzlers Adele Sandrock, eine frühere Geliebte des Dichters.

85,26 *blasser Schurke:* pathetische Theaterphrase.
Galeerensträfling: Strafgefangener, der – meist angekettet – Ruderdienste auf einer Galeere verrichten mußte, einem von der Antike bis ins 18. Jh. gebräuchlichen Kriegsschiff, das mit Rudern und Segeln ausgestattet war.

Die Schauspielerin und der Graf

98,7 *Dragonerrittmeisters:* Dragoner: leichte Reiterei in der Kavallerie.

100,28 *Lulu:* eigtl. *Loulou:* (frz.) Koseform des Namens Louis (oder Louise); bedeutet auch: Liebling, Herzchen.

100,35 *transferieren:* überweisen, verlegen (Militär).

101,18 *Remonten reiten:* Remonte: (frz.) junges Militärpferd; junge Pferde für die berittenen Truppen zureiten, gewöhnlich zu Beginn des Dienstjahres im Herbst.

102,23 *Sachen, von denen am meisten g'redt wird:* vgl. die Zofe Franziska in Lessings *Minna von Barnhelm* (1767),

II,1: »Man spricht selten von der Tugend, die man hat; aber desto öfter von der, die uns fehlt.«

103,10 *Pußta:* (ungar.) *Puszta:* ausgedehntes Weideland in Ungarn.

Steinamanger: ungarische Provinzstadt, eigentlich Szombathely, im Westen des Landes gelegen, nicht sehr weit von Wien entfernt.

105,14 *Poseur:* (frz.) Blender, Wichtigtuer, der sich in Szene setzt.

107,25 *Reseda:* Pflanze mit grünlich-gelben Blüten und herb-angenehmem Duft.

Der Graf und die Dirne

111,14 *Drapp-Überzieher:* weiter Mantel aus Wolltuch oder Kammgarn.

112,3 *Sacher:* das schon damals berühmte Wiener Nobelhotel, dem ein Caféhaus eingegliedert war.

112,15 f. *Schlaf . . . Herr Bruder, also der Tod:* vgl. beim altrömischen Redner Cicero: »Somnus imago mortis« ›Schlaf ist ein Spiegel des Todes‹. Vgl. auch in Johann Sebastian Bachs *Kreuzstabkantate:* »Komm' oh Tod, Du Schlafes Bruder . . .« (Verfasser des Textes unbekannt).

113,21 *G'frett:* (südostdt.) Mühsal, Strapaze.

114,34 f. *Spiegelgasse:* Straße im vornehmen 1. Wiener Bezirk.

II. Zur Entstehungs- und Druckgeschichte

Aus den Tagebuch-Aufzeichnungen Arthur Schnitzlers
wird erkennbar, daß er am 23. November 1896 mit der
Konzeption eines Zyklus von zehn Szenen (später unter
dem Titel *Reigen*) begann und die Niederschrift knapp drei
Monate später am 24. Februar 1897 abschloß. In der Folge-
zeit las Schnitzler einzelne Szenen Freunden und Freundinnen vor. Von Beginn an glaubte er, daß dieses Stück auf einer zeitgenössischen Bühne nicht aufführbar sei.

ARTHUR SCHNITZLER in einem Brief an Otto Brahm, den
bedeutenden Reformator des deutschen Theaters im Sinne
des Naturalismus, am 7. Januar 1897:

»Ihre freundlichen Wünsche für 97 sollen, wenn überhaupt,
erst im Frühjahr in Erfüllung gehen, denn unser grauer
Winter lastet diesmal auffallend schwer auf meiner Stimmung und meinem Befinden. Ich habe große Sehnsucht
nach dem Bicyclefahren, und wenn ich mir eine schöne Zukunft vorstellen soll, so denke ich mich auf eine Wiese hin-
gestreckt, das Rad an einen Baum gelehnt und unter freiem
Himmel und in angenehmer Wärme und fern vom Straßen-
lärm eine gesunde und freche Komödie schreiben. Was die
Wiese, das Hingestreckte und das gelehnte Rad anbelangt,
so ist die Erfüllung nahegerückt. Ich arbeite jetzt übrigens
auch zu Zeiten – zehn Dialoge, eine bunte Reihe [*Reigen*];
aber etwas Unaufführbareres hat es noch nie gegeben.«

Der Briefwechsel Arthur Schnitzler – Otto
Brahm. Hrsg., eingel. und erl. von Oskar Seidlin.
Tübingen: Niemeyer, 1975. S. 30.

Da der Verleger S. Fischer Bedenken hatte, das Buch in seinen Berliner Verlag zu übernehmen, ließ ARTHUR SCHNITZLER den *Reigen* auf eigene Kosten »als unverkäufliches Manuscript« in einer Auflage von 200 Exemplaren drucken. Diesem Privatdruck fügte er ein Vorwort hinzu:

»Ein Erscheinen der nachfolgenden Scenen ist vorläufig ausgeschlossen. Ich habe sie nun als Manuscript in Druck gegeben; denn ich glaube, ihr Wert liegt anderswo als darin, daß ihr Inhalt den geltenden Begriffen nach die Veröffentlichung zu verbieten scheint. Da jedoch Dummheit und böser Wille immer in der Nähe sind, füge ich den ausdrücklichen Wunsch bei, daß meine Freunde, denen ich dieses Manuscript gelegentlich übergeben werde, es durchaus in diesem Sinne behandeln und als ein bescheidenes, ihnen persönlich zugedachtes Geschenk des Verfassers aufnehmen mögen.«

A. Sch.: [Vorwort]. In: *Reigen*. Privatdruck [1900]. Zit. nach: Arthur Schnitzler. Sein Leben, sein Werk, seine Zeit. Hrsg. von Heinrich Schnitzler [u. a.]. Stuttgart: Deutscher Bücherbund, 1981. S. 74.

Das öffentlich kaum zugängliche Buch wurde indes rezensiert, zum Beispiel bereits im November 1900 in der *Neuen deutschen Rundschau* von dem damals noch jungen, wenngleich bereits prominenten Berliner Theaterkritiker ALFRED KERR, der Schnitzler bis zu dessen Tod besonders wohlgesonnen war. Eine nur leicht veränderte Fassung dieser Rezension findet sich in Kerrs Essay *Arthur Schnitzler. Problemstücke, Spiegelstücke*:

»Szenen; immer zwischen einer Frau und einem Mann. Jedesmal mitten drin eine Zeile von Gedankenstrichen – in waagrechter Lage.
Das erste Paar ist eine Dirne und ein Soldat. Hiernach der Soldat und ein Stubenmädchen. Hiernach dieses Stuben-

mädchen und ein junger Herr. Hiernach dieser junge Herr und eine junge Frau. Hiernach diese junge Frau und ihr Ehemann. Hiernach dieser Ehemann und ein süßes Mädel. Hiernach dieses süße Mädel und ein Dichter. Hiernach dieser Dichter und eine Schauspielerin. Hiernach diese Schauspielerin und ein Graf. Hiernach dieser Graf und jene Dirne. Also der Ring ist geschlossen.

... Ein Mann, welcher die seelische Magie der Liebe in anderen Werken leise walten ließ, gibt hier lächelnd die Komödie der unteren Zonen. Er zeigte früher die Herzen; diesmal die Willenszentren. Einst hob der diable boiteux die Häuserdecken ab; Schnitzler nur die Bettdecken.

Ein reizendes Buch. Sein Wert liegt in den Lebensaspekten – und der komischen Gestaltung. Schnitzler hat eine Schauspielerin auf zwei nicht immer geschlossene Beine gestellt, deren Wesen in dunklen Situationen erschütternd wirkt. Er gibt einen kostbaren Poeten, der sich pseudonym Biebitz nennt und das süße Mädel als Unterlage für Betrachtungen ansieht. Man schreit beim Lesen.

Ein kleines Dekameron unserer Tage. Die Vergänglichkeit, auch des unterirdischen Lebens, klingt durch das Ganze. Nichts rascher, meint Lessings Faust, als der Übergang vom Guten zum Bösen. Es gibt Rascheres! Zwei Hogarthsche Bilder, ›Before‹ und ›After‹, stellen es dar. Schnitzler auch. –«

A. K.: Das neue Drama. Berlin 1904. Zit. nach: A. K.: Essays. Theater – Film. Hrsg. von Hermann Haarmann und Klaus Siebenhaar. Berlin: Argon, 1991. (Werke in Einzelbänden. Bd. 3.) S. 66. – © 1991 S. Fischer Verlag GmbH, Frankfurt am Main.

Als der *Reigen* im Jahre 1903 im wenig respektablen Wiener Verlag erschien, erregte er außerordentliches Aufsehen: in acht Monaten wurden 14 000 Exemplare verkauft. In der *Zeit* (Wien) vom 7. November 1903 schrieb FELIX SALTEN:

»Von den Büchern, die Arthur Schnitzler geschrieben hat,
ist dem ›Reigen‹ der größte äußere Erfolg zuteil geworden.
Der ›Reigen‹ wird am meisten gelesen. Vom ›Reigen‹ wird
am meisten gesprochen. In acht Monaten hat diese Dialog-
reihe zehn Auflagen erlebt. Man streitet über dieses Werk,
was zur Folge hat, daß immer mehr und mehr Leute danach
greifen. Die Behörden beschäftigen sich damit, und es kann
der Oeffentlichkeit nicht vorenthalten, nicht verheimlicht
werden. Es ist unter allen Büchern Schnitzlers nicht das beste; aber wenn der ›Leutnant Gustl‹ sein kühnstes, so darf
der ›Reigen‹ sein frechstes Buch genannt werden. Vielleicht
ist es sogar eines der frechsten Bücher überhaupt, die in
deutscher Sprache geschrieben wurden. [. . .]
Es bedeutet einen Abschluß, und es bedeutet, vielleicht,
auch einen Anfang. Es ist ein Buch, das harmlose Illusionen
zerstört und den Zauber unserer glücklichsten Stunden entlarvt. Es ist ein Buch, das wie ein Scherz zu wirken vermag,
das aber mit zu viel virtuoser Kunst, mit zu viel sinnreicher
Komposition gearbeitet, das überhaupt zu sehr gearbeitet
ist, um nichts weiter als ein Scherz zu sein.
Von einer lautlosen, unmerklichen, man müßte sagen von
einer liebenswürdigen Grausamkeit ist der ›Reigen‹. Und
nur ein lächelnder Mann konnte ihn schreiben, in der üppi-
gen und gefährlichen Laune des Reif- und Sattwerdens. Ich
meine, in jener Stunde, in der enttäuschtes Jugendfühlen,
des Hoffens und der Klage müde, anfängt, nach Beschwich-
tigung zu suchen, und, vom Einzelschicksal abgewendet,
des Weltlaufs sich besinnt.
[. . .]
An Weisheit enthielt der ›Anatol‹ nur sehr wenig. Er war
vollgestopft mit Aphorismen, mit Sentenzen und geistreichen Bemerkungen. Im ›Reigen‹ fehlen die Aphorismen, die
Sentenzen; es fehlen auch, gottlob, die geistreichen Bemerkungen. Dafür ist der ›Reigen‹ voll angewandter Erkenntnis
und prunkloser Weisheit des Lebens. Im ›Anatol‹ ward die
Pose verherrlicht. Abgötterei mit der Subtilität kleiner Nu-

ancen wird darin getrieben. Ein wenig Eitelkeit ist darin, und viel gezierte Eleganz. Im ›Reigen‹ wird dieses ganze Inventar unschuldiger Jugendtorheit lächelnd preisgegeben. Der ›Anatol‹ ist ein loses Nebeneinander kleiner Szenen, wie der Zufallseinfall erster Schreibseligkeit sie zusammentrug. Der ›Reigen‹ jedoch gibt sich als eine geschlossene Einheit, als das Werk eines umfassenden, tiefer atmenden Denkens. Unteilbar, läßt er sich in einzelne Kleinigkeiten nicht zerlegen.

Es ist notwendig, diese beiden Bücher so eng nebeneinander zu halten. Sie zeigen Anfang und Ende einer Entwicklung. Beim ›Anatol‹ beginnt der dichterische Aufruhr, im ›Reigen‹ folgt nach manchen Entladungen die Reaktion. ›Anatol‹ ist der Rausch und ›Reigen‹ ist die Ernüchterung. ›Anatol‹ ist der Lebensdurst und ›Reigen‹ ist die Sattheit. Der Rundgang durch die heiteren, oft tragikomischen, oft wehmütig überwölkten, immer aber doch vergnüglichen Gefilde der Verliebten, der im ›Anatol‹ begonnen ward, ist hier vollendet. Ein lächelnder Jüngling, hat Schnitzler diesen Garten der Liebe betreten, hat manche Früchte darin gepflückt, und als ein lachender Mann erscheint er wieder an der Schwelle, beladen mit Erfahrungen, die nicht für Jeden taugen, und die man nicht allzu leichten Sinnes hinnehmen soll, weil sie fröhlich dargeboten werden. Immerhin, es ist ein Abschluß.«

F. S.: Arthur Schnitzler und sein *Reigen*. In: Die Zeit (Wien). 7. November 1903. – Mit Genehmigung der Rechtsanwälte Wyler & Lustenberger, Zürich.

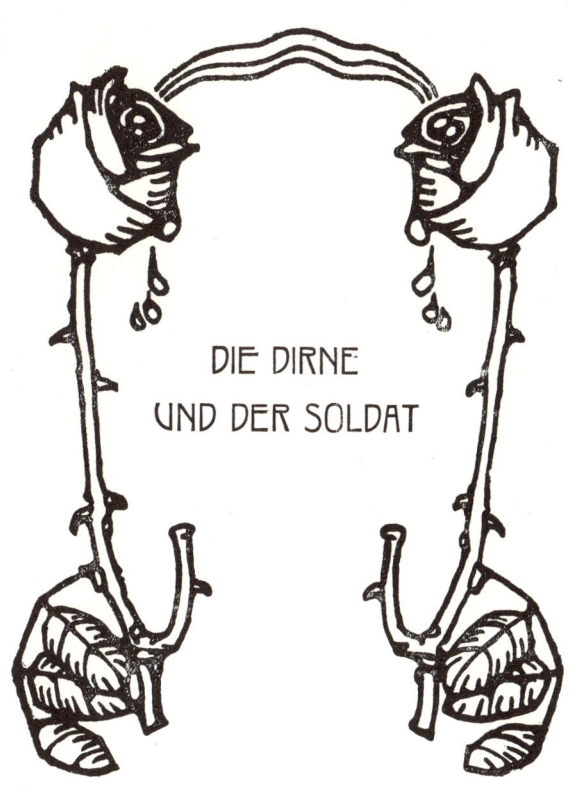

DIE DIRNE
UND DER SOLDAT

Buchillustration von Berthold Löffler zur ersten Szene, 1903

III. Zur Wirkungsgeschichte auf dem Theater und im Film

1. Berliner und Wiener Premieren

1904 wurde das Buch zum ersten Mal beschlagnahmt. Von da an reißt die Kette der Verfahren nicht mehr ab, so daß selbst Schnitzler noch 1927 nicht genau wußte, ob der *Reigen* nun verboten sei oder nicht. Im selben Jahr allerdings wurde das 100. Tausend des Buches verkauft. Die erste Auflage in Schnitzlers ›Hausverlag‹ S. Fischer erschien erst 1931.

In einem Brief vom 30. Dezember 1920 an den Literaturwissenschaftler und seinerzeitigen Berliner Ministerialrat Werner Richter faßt ARTHUR SCHNITZLER die Skandalgeschichte des *Reigen* zusammen, weist darauf hin, daß der damals wohl berühmteste Theaterregisseur, nämlich Max Reinhardt, das Stück nach dem Ende des Ersten Weltkriegs aufführen wollte, und zieht eine deutliche Grenzlinie zwischen dem *Reigen* und Pornographie:

»Sehr verehrter Herr Professor.

Es gereicht mir zu besonderem Vergnügen Ihre liebenswürdige Anfrage zu beantworten und ich möchte es, um nach keinerlei Richtung eine Unklarheit aufkommen zu lassen, wenn Sie erlauben, mit einiger Ausführlichkeit tun.
Der ›Reigen‹ ist im Jahr 96/97 geschrieben und wenige Jahre darauf als Privatdruck in 200 Exemplaren herausgegeben worden. Als Privatdruck nicht etwa, weil ich das kleine Werk für unsittlich gehalten hätte, sondern aus Gründen anderer Natur, die ich in einem kurzen Vorwort darlegte. [...]
Die Szenen fanden viel Beifall, meine Bedenken wurden allmählich beschwichtigt, ich entschloß mich im Jahre 1903 – nur zum geringsten Teil auch aus Gründen materieller Art

– zur Publikation. Bald darauf erfolgte die Beschlagnahme
des Buches in einzelnen Städten Deutschlands (ich bin darüber nie ganz zuverlässig informiert worden, das Buch war
in dem in jeder Hinsicht fragwürdigen Wiener Verlag erschienen), in Österreich erfolgte keine Konfiskation, hingegen zahlreiche Angriffe in der antisemitischen Presse; trügt
mich meine Erinnerung nicht, so kam es sogar zu einer Interpellation, die liberale Presse schwieg das Werk beinahe
durchwegs tot, eine Vorlesung, die [Hermann] Bahr abhal-
ten wollte, wurde verboten. Im Allgemeinen aber setzte sich
das Werk auch literarisch durch und dürfte mehr Auflagen
erlebt haben als mir bezahlt worden sind. Im Laufe der
Jahre gelangten immer wieder Anträge an mich bezüglich
Vorlesungen, geschlossener Aufführungen, später sogar
Verfilmung usw. Ich verhielt mich immer ablehnend. Der
akademisch-dramatische Verein in München führte einige
Szenen trotz meines Abratens auf [1903], und wurde daraufhin aufgelöst. Die ›Elf Scharfrichter‹ in Berlin führten einige Dialoge ohne meinen Willen, ja ohne mein vorheriges
Wissen auf, ich inhibierte und man blieb mir die Tantièmen
schuldig. In Budapest fand etwa um 1910 [1912] eine Aufführung in ungarischer Sprache statt, wenn ich recht berichtet bin wurde schon die zweite untersagt. Auch einige Vorlesungen in geschlossenem Kreise wurden in Deutschland
abgehalten, von denen ich keinerlei Vorteil hatte.
Gleich nach dem Umsturz, im Herbst 1918, häuften sich die
Anträge aller Art, darunter finanziell glänzende – ich lehnte
nach allen Seiten ab. Bald erfuhr ich, daß die Szenen in Rußland viel und mit Erfolg gespielt würden, ich habe niemals
irgendeine offizielle Verständigung (oder gar Bezahlung) erhalten. Noch vor Ende des Jahres 1918 erbat sich Max Reinhardt das Aufführungsrecht für die Kammerspiele. Auch
diesem Antrag gegenüber verhielt ich mich zuerst noch ablehnend oder wenigstens aufschiebend. Es wird vielleicht
von einigem Interesse sein, in welcher Weise Reinhardt
selbst meine Skrupel (in einem Brief vom 19. April 1919) zu

widerlegen suchte. Er schreibt u. a.: ›Ich halte die Aufführung Ihres Werkes künstlerisch nicht nur für opportun,
sondern für unbedingt wünschenswert. Dabei ist allerdings
Voraussetzung, daß bei den Gefahren, die in der Gegen-
ständlichkeit des Stoffes liegen, das Werk nicht in unkünst-
lerische und undelikate Hände kommt, die es der Sensati-
onslust eines allzu bereiten Publikums ausliefern könnten.‹
– Und weiter: ›Hinsichtlich des Aufführungstermins Ihres
Werkes scheint mir das richtige Gefühl für eine urteilsfähige
Aufnahmsfähigkeit des Publikums und der Presse besonders wichtig, da in beiden die Elemente, die durch langjäh-
rige Gewöhnung an Zensur anerzogen sind (sic) mit dieser
Aufhebung keineswegs verschwunden, wie mich die Erfahrung dieser Saison gelehrt hat, sondern nach wie vor noch
sehr wirksam sind.‹ Und weiter: ›Wie Sie meinen vorherge-
henden Worten schon entnommen haben, halte ich die Inszenierung Ihres Werkes für eine außerordentlich reizvolle
Regieaufgabe, die nicht nur die volle Beherrschung der
künstlerischen und technischen Mittel, sondern vor allem
starken Takt erfordert. Ich habe daher den lebhaftesten
Wunsch diese Aufgabe selbst zu lösen‹, usw.
Nach diesen Worten Reinhardts wollte ich am Ende nicht
päpstlicher sein als der Papst und dachte, wenn es der erste
Theatermann Deutschlands riskieren will, so darf ich es wohl
auch tun. Ich erklärte mich also einverstanden und stellte unter anderen die Bedingung, daß Reinhardt persönlich die Regie übernehmen sollte. Die Szenen sollten vor Weihnachten
1919 herausgebracht werden, der Termin wurde leider ver-
säumt. Die politischen Verhältnisse gestalteten sich bald darauf in einer Weise, die eine Aufführung des ›Reigen‹ als
inopportun ansehen ließen, ich machte Reinhardt darauf aufmerksam, er schloß sich meiner Ansicht an, wir schoben im
gemeinsamen Einverständnis die Erstaufführung auf den
Herbst 1920 hinaus. Indessen hatten einige andere deutsche
Bühnen das Aufführungsrecht erbeten, ich gewährte es, immer nur unter dem Vorbehalt, daß Reinhardt die Urauffüh-

rung gewahrt bleibe. Unterdessen hatte ich von einer großen deutschen Theaterdirektion – die Einladung erhalten
der Erstaufführung des ›Reigen‹ an diesem und diesem Tag
beizuwohnen. Natürlich verbot ich sogleich diese Aufführung; immerhin trug diese Erfahrung mit dazu bei mir bei
den in Deutschland herrschenden politischen und künstlerischen Zuständen die unangenehme Möglichkeit ins Auge
fassen zu lassen, daß plötzlich irgendwo ohne mein Wissen
oder meinen Willen der ›Reigen‹ gespielt werden könnte,
was schließlich auch durch einen nachträglichen Protest
meinerseits nicht mehr ungeschehen zu machen gewesen
wäre. Freilich spielte diese Erwägung in meinen weiteren
Entschlüssen keine ausschlaggebende Rolle.
Im Oktober vorigen Jahres kam Direktor [Felix] Holländer
nach Wien und teilte mir mit, daß er als Nachfolger Reinhardts in allernächster Zeit sowohl die von Reinhardt
gleichfalls akzeptierten ›Schwestern‹ in den Kammerspielen
und den ›Reigen‹ am kleinen Schauspielhaus aufführen
wolle. Als Regisseur schlug er mir Hubert Reusch vor, der
mir als geschmackvoller, kluger und verläßlicher Mann auch
aus persönlicher Zusammenarbeit bekannt war. Ich sah nun
keinen Anlaß mich länger zu weigern, umso weniger als ich
gerade im Laufe der letzten Zeit eine ganze Anzahl von
Stücken auf der Bühne gesehen hatte, die in sittlicher Beziehung ebenso problematisch als der ›Reigen‹ waren, eine fast
ebenso heikle Regieaufgabe stellten und nicht alle auf dem
gleichen literarischen Niveau standen, wie mein verpönter
›Reigen‹, dem sein Ruf im übrigen mehr von einer schon
ziemlich fernliegenden, etwas strengeren Zeit anhing und
der heute geschrieben wahrscheinlich die Frivolitätssensa-
tion keineswegs bedeutete, die ihn nun einmal als uner-
wünschte Gloriole umgibt. Also, ich gab Herrn Direktor
Holländer (resp. Herrn [Maximilian] Sladek und Frau
[Gertrud] Eysoldt) die Erlaubnis zur Aufführung des ›Reigen‹. Den ausdrücklichen Wunsch, daß eine ›Reigen‹-Auf-
führung stattfände habe ich, wie aus der vorherigen Darstel-

lung klar zu ersehen ist, niemals ausgesprochen, aber selbstverständlich erkläre ich mich, da ich die Erlaubnis gab und
sie endlich gerne gab, mit der Direktion für vollkommen
mitverantwortlich und glaube, daß wir diese Verantwortung in Ruhe tragen können; – wie ja übrigens der Erfolg
manchen gelehrt hat, der vorher nicht dieser Ansicht gewesen wäre.

Natürlich zweifle ich nicht daran, daß ein eventuell sich ein-
stellender Kassenerfolg nur zum geringeren Teil auf die
künstlerischen Vorzüge meiner Szenen zurückzuführen sein
wird, sondern daß die große Mehrzahl der Leute um der
wie es scheint mit Unrecht erhofften Pikanterie ins Theater
laufen wird; – aber das ist ja ein Schicksal, das der ›Reigen‹
mit anderen und mit manchen größeren Kunstwerken zu
teilen hat; man bedenke nur, wie oft der Vorhang, selbst in
klassischen Stücken in jenen Momenten gefallen ist, die im
›Reigen‹ durch Gedankenstriche angedeutet sind. Freilich,
im ›Reigen‹ geht die Szene nach den Gedankenstrichen
sofort weiter, aber das ist ja schließlich der Spaß oder, wenn
das Wort hier erlaubt ist, die Moral von der ganzen Geschichte.

Doch auch, wenn die Regie nicht mit so offenbarem Takt
alle Fährlichkeiten zu vermeiden gewußt hätte; – die Be-
fürchtung, daß das Publikum gerade durch eine Aufführung
des ›Reigen‹ irgend eine Schädigung an seinem seelischen
oder körperlichen Heil erfahren oder daß irgend jemand
durch die Darstellung des ›Reigen‹ verdorben werden
könnte, habe ich niemals gehegt. Meine so lange bestande-
nen Bedenken gegenüber einer szenischen Aufführung des
›Reigen‹ beruhten einfach darauf, daß diese Dialoge tatsächlich zur Zeit ihrer Entstehung für die Bühne nicht gedacht
und nicht geschrieben waren. Daß ich endlich meine Ein-
willigung zu diesem Experiment gegeben habe, ist in erster
Linie immer noch der Stellung Reinhardts zu dem Problem
zu danken, ferner der Erwägung, daß gerade Übergangszei-
ten, wie die unsrige, für ein solches Experiment nicht ganz

ungeeignet erscheinen, zum allergeringsten Teil aber – wenn dieses Motiv auch ein wenig mitgespielt haben mag – wofür gleichermaßen die Zeitumstände bis zu einem gewissen Grade mitverantwortlich zu machen sind – Überlegungen materieller Natur.

Abschließend möchte ich mir gestatten hier noch einige allgemeinere, auf unser Thema bezügliche Worte herzusetzen, die ich seinerzeit als Erwiderung auf eine Rundfrage abgeschickt habe: Meine Bedenken gegen die Pornographie sind ausschließlich ästhetischer Natur und meine Abneigung gegen pornographische Produkte beruht nicht darauf, daß manchen von ihnen die Eigenschaft innewohnt sexuelle Erregungen auszulösen, was sie bekanntlich mit manchen wirklichen Kunstwerken gemeinsam haben, sondern darauf, daß pornographische Produkte immer etwas Verlogenes oder Talentverlassenes, manchmal beides zugleich vorstellen. Auch glaube ich nicht, daß die Grenze zwischen Pornographie und Kunstwerk schwer zu bestimmen sei. Der ehrliche Kenner wird diese Grenze mit der gleichen Sicherheit festzustellen imstande sein wie jede andere zwischen Kunst und Nichtkunst. Mißlich bleibt nur, daß gerade dieser Grenzfrage gegenüber nicht nur solche Leute versagen, denen das künstlerische Urteil von Geburt aus mangelt, sondern auch manche Leute, denen diese Urteilsfähigkeit wohl gegeben wäre, die aber, entweder durch falsche Erziehung oder krankhaft gesteigerte Erregbarkeit oder aus Gründen von Berufs- oder gewerbsmäßiger Heuchelei geneigt sind, jedes Kunstwerk vor allem auf seinen sexuellen Koeffizienten anzusehen.

Entschuldigen Sie, verehrter Herr Professor, daß ich so ausführlich gewesen bin, aber einer so liebenswürdig und vornehm gehaltenen Anfrage [gegenüber], die sich überdies auf den unvergessenen und von mir wahrhaft verehrten Erich Schmidt beruft und alles Recht hat, sich auf ihn zu berufen, schien mir das nicht erlaubt, sondern beinahe schon ein wenig Verpflichtung zu sein.

Mit der Versicherung besonderer Hochschätzung und in der
angenehmen Erwartung Ihnen einmal persönlich zu begegnen, bin ich, verehrter Herr Professor

Ihr sehr ergebener
Arthur Schnitzler«

A. Sch.: Briefe 1913–1931. Hrsg. von Peter Michael Braunwarth [u. a.]. Frankfurt a. M.: S. Fischer, 1984. S. 223–228.

Auch in den Briefen an Stefan Grossmann, den Heraus-
geber der seit 1920 erscheinenden Wochenschrift *Das
Tage-Buch*, vom 17. Februar 1921 und an die Schauspielerin
Tilla Durieux vom 21. Februar 1921 verteidigt ARTHUR
SCHNITZLER seine »Tragikomödie«, die zu der Zeit in Berlin
und Wien zum ersten Mal aufgeführt wurde, gegen die Vorwürfe, sie sei ein »unsittliches Werk«:

»Ich habe vorläufig keine Absicht mich über den ›Reigen‹
und die sogenannte Reigen-Affaire in der Öffentlichkeit
weiter zu äußern. Was ich Herrn Maximilian Harden erwidert habe, ersehen Sie aus beiliegendem Zeitungsblatt. Die
Berichtigung war übrigens in einigen Berliner Blättern abgedruckt. Von den hiesigen Skandalen, insbesondre von
dem gestrigen, werden Sie wohl indeß gelesen haben. Was
soll man dazu sagen? Ich käme mir unsäglich komisch vor,
wollte ich mit den Herren Kunschak oder Seipel* oder mit
dem Schusterlehrling polemisieren, der das Theater stürmt,
mit dem begeisterten Ruf: Nieder mit dem Reigen! Man
schändet unsere Frauen! Nieder mit den Sozialdemokraten!
(Es kann übrigens auch ein Stud. med. gewesen sein oder
ein Tapezierergehilfe, – wobei meine Sympathie immerhin

---

* Leopold Kunschak und Ignaz Seipel, christlich-soziale Politiker des damaligen Österreich, zumal Seipel, zeitweise Bundeskanzler, waren antisemitisch
  eingestellt.

noch mehr bei dem Tapezierergehilfen ist als bei den Herren Seipel und Kunschak.) Ich habe ja schon einige ähnliche Sachen erlebt, wenn auch in bescheideneren Dimensionen. Erinnern Sie sich noch an den ›Leutnant Gustl‹ und den ›Professor Bernhardi‹. Nach einigen Jahren bleibt von all dem Lärm nichts weiter übrig als die Bücher, die ich geschrieben und eine dunkle Erinnerung an die Blamage meiner Gegner. In diesem Fall wird es nicht anders sein.
Mit herzlichem Gruß

Ihr sehr ergebener
[A. S.]«

A. Sch.: Briefe 1913–1931. Ebd. S. 234 f.

»Sehr verehrte gnädige Frau.

Entschuldigen Sie daß ich Ihr liebenswürdiges Schreiben vom 7. Februar erst heute beantworte. Also vor allem: ich zürne Ihnen natürlich nicht im Geringsten und habe Ihnen gar nicht gezürnt. Im übrigen ist beinahe alles was ich Ihnen erwidern könnte, in Ihrem eigenen Brief enthalten, allerlei, was ich Ihnen vielleicht noch entgegnen könnte, finden Sie in der beigeschlossenen Berichtigung, die auch im Berliner Tageblatt abgedruckt war und Ihnen wohl entgangen ist.
Wir sind wohl darüber einig, daß die ganze Frage der ›Reigen‹ Aufführung eine ausschließlich dramaturgisch-ästhetische ist. Wie diese in Berlin gelöst wurde, kann ich von hier aus nicht beurteilen. Sie, verehrte gnädige Frau, scheinen ja mit der Aufführung wenig zufrieden zu sein. Aber auch im Falle dieser schlechten Aufführung sind offenbar nur ästhetisch-dramaturgische Fehler geschehen, darüber, daß die Sittlichkeit absolut nicht verletzt wurde, besteht kein Zweifel. In Wien war die Aufführung zum Teil sehr gut, die Decenz wurde gleichfalls überall anerkannt. Die Angelegenheit jetzt noch als Sittlichkeitsproblem hinstellen zu wollen wird also in keinem Fall mehr angehen. Es gibt wenige Stücke, die man aufführen muß. Daß der ›Reigen‹ zu denjenigen ge-

hört die man aufführen kann, ohne daß ein moralisches Interesse dabei Schaden leidet, das darf uns nun wohl als res judicata gelten. Auch darin dürften wir wohl eines Sinnes sein, daß der Autor nicht verantwortlich gemacht werden darf für Leute, die sein Werk mißverstehen oder mißverstehen wollen oder tun, als wenn sie es mißverständen. Diese Mißverständnisse, vor denen kein Werk, auch kein musikalisches und keines der bildenden Kunst gefeit ist, sind in theatralibus und insbesondere in eroticis nur eben augenfälliger, als auf anderen Gebieten, finden größere Resonanz und können gegen den Autor besser ausgenützt werden. Wollen wir die Tizianische Venus aus der Gemäldegallerie verbannen, weil irgend einem Menschen angesichts der schönen nackten Frau unlautere Gedanken kommen könnten (warum übrigens unlauter, es können auch sehr lautere sein)?

Es ist kein Geheimnis, daß ich lange Zeit gezweifelt habe, – nicht etwa ob der ›Reigen‹ ein unsittliches Werk sei – sondern, ob er auf die Bühne gehört. Ich glaube auch heute noch nicht, daß das Inszenierungsproblem endgültig gelöst ist; alles übrige, was heute noch gegen die Aufführungen des ›Reigen‹ gesagt wird, ist für mich indiskutabel. Das ist keinesfalls Widerspruchsgeist gegen Maximilian Harden oder den antisemitischen Abgeordneten Kunschak oder gegenüber dem Schuhmachergehilfen, der den ›Reigen‹ zwar nie gesehen oder gelesen hat, aber aus der Loge Bänke und Sessel auf das Parkettpublikum hinunterwirft, sondern eine Ansicht, die sich bei mir durch den ganzen Verlauf der Angelegenheit und insbesondere durch die genaue Bekanntschaft mit meinen zehn Dialogen entwickelt hat, wie man sie selbstverständlich nur auf Proben gewinnen kann. Seither weiß ich, daß der ›Reigen‹ auch heißen könnte ›Der einsame Weg‹ Tragikomödie in zehn Dialogen und daß ich damals vor 25 Jahren ein sehr sonderbares und amüsantes Theaterstück geschrieben habe, ohne es zu wissen. In 25 Jahren, wenn der Schuhmachergehilfe ein Meister, Herr

Kunschak Minister oder vergessen und Maximilian Hardens Werke möglicherweise schon ins Deutsche übersetzt sein werden, dürften es auch die Andern wissen.

Ich hoffe verehrte gnädige Frau, wir sehen Sie bald in Wien in einer großen, schönen Rolle und Sie werden sich hoffentlich auch dann nicht weigern zu spielen, wenn die Sitzpreise so hoch sind, daß nur die berühmten Schieber in den vorderen Reihen sitzen können. Ja, das wäre schön, meine verehrte gnädige Frau, wenn wir die Billets nur an die Leute verschenken dürften, die wir im Theater drin haben wollen. Aber ob wir sicher dann von jedem richtig verstanden würden, dem wir den Einlaß gestattet haben?

Mit herzlichen Grüßen, in aufrichtiger Bewunderung

Ihr sehr ergebener
[A. S.]«

A. Sch.: Briefe 1913–1931. Ebd. S. 235–237.

Bereits die Uraufführung des *Reigen* in Berlin am 23. Dezember 1920 – 17 Jahre nach der ersten offiziellen Buchpublikation – wurde durch Drohungen überschattet. Ein Artikel des Berliner *Tagesspiegel* vom 25. Februar 1962 faßt im Rückblick unter dem Titel »Der Reigen um den Reigen« die Ereignisse lakonisch zusammen:

»Die Revolution von 1918 hatte dem Theaterzensor der Polizei den Rotstift aus der Hand geschlagen. Aus war es mit der Gewalt des Obrigkeitsstaats über die unruhigen Geister der Bühne, mit der wohlwollenden amtlichen Förderung des Mittelmaßes und der Unterdrückung des Unbequemen.

Aber wenn auch der Rotstift im Bogen davonflog – die allgewaltigen Zensurbüttel blieben hinter ihren Schreibtischen sitzen. Und nicht untätig. Die präventive Theaterzensur, die Vorzensur, war tot – die repressive Zensur, die Nachzensur, schlich durch viele Hintertüren wieder herein.

Der hitzigste unter allen Eiferern der repressiven Zensur war in den zwanziger Jahren Professor Brunner, ein ehemaliger Gymnasiallehrer. Er stand den Deutsch-Völkischen nicht übermäßig fern und war Regierungsrat im Ministerium für Volkswohlfahrt. In Moabit sah man ihn häufig. Er galt als sachverständig ›für das Grenzgebiet zwischen Erlaubtem und Unerlaubtem in Kunst und Schrifttum‹. Persönlich war er ein ehrenwerter Mann.

Ein festliches, voller Spannung erwartetes literarisches Theaterereignis stand bevor: Die Welturaufführung des ›Reigen‹ von Arthur Schnitzler. Im Foyer und Parkett des Kleinen Schauspielhauses im Gebäude der Hochschule für Musik in der Hardenbergstraße sammelte sich schon das Premierenpublikum. Da überbrachte ein Bote vom Landgericht die ohne mündliche Verhandlung erlassene einstweilige Verfügung, nach der die Aufführung des ›Reigen‹ verboten war. Für jeden Fall der Zuwiderhandlung wurden der Direktion sechs Wochen Haft angedroht.

In einer Mietvertragsklausel des Theaters hieß es: ›Werke, die das religiöse, moralische, sittliche Gefühl verletzen oder politisch anstößig sind, dürfen im Haus der Staatlichen Musikhochschule nicht aufgeführt werden.‹

Und als ein solches Werk hatte eine Zivilkammer des Landgerichts den Reigen angesehen. Antragsteller war die Direktion der Staatlichen Musikhochschule [...].

Direktorin des Kleinen Schauspielhauses war neben dem erfahrenen Theatermann Maximilian Sladek Frau Gertrud Eysoldt, die Lulu und Salome Max Reinhardts, eine Künstlerin von Besessenheit. Und an ihrer Zivilcourage scheiterte der zeitlich sehr geschickt eingeleitete Anschlag. Es war am frühen Abend des 23. Dezember 1920, auf Tage hinaus zu spät für einen Einspruch.

Frau Eysoldt trat vor den Vorhang, verlas die ominöse einstweilige Verfügung und rief, sie gehe lieber ins Gefängnis, als daß sie angesichts einer philiströsen Verfolgung aus

persönlicher Angst die Sache der Kunst preisgebe. – Und
dann begann das Spiel.

Der Erfolg der Aufführung war stark, aber nicht überwälti-
gend, was niemanden überraschte. Hier wurde auf der Stil-
bühne überbetont dezent literarische Feinschmeckerkost
geboten. Man erlebte in hervorragender Besetzung die
zehnfache Variation des Themas Vorspiel-Nachspiel, ganz
auf das Wort gestellte Szenen, geistvolle Dialoge, aber kein
nach dramaturgischen Gesetzen in sich gesteigertes Büh-
nenstück.

Dieses mit dem Silberstift geschriebene Dichtwerk hat funkelnde Ironie und die tiefe Schwermut der Enttäuschung,
aber keinen heißen Atem. Kenner der damaligen Berliner
Theaterverhältnisse sagten einen Serienerfolg von dreißig
Aufführungen voraus. Aber sie verschätzten sich gründlich:
Dreihundertmal öffnete sich der Vorhang vor dieser Inszenierung. Aufführungen in vielen deutschen Großstädten
folgten.

Am 3. Januar 1921 hob das Landgericht auf den Einspruch
des Kleinen Schauspielhauses die einstweilige Verfügung
auf. Die Entscheidung der Zivilkammer gipfelte in der Feststellung, diese Aufführung bedeute eine sittliche Tat.

Aber schon einen Tag später meldete sich Prof. Brunner mit
einer Anzeige: ›Ich selbst bekunde hiermit, daß ich an der
Aufführung schweres Ärgernis im Sinne des § 183 StGB genommen habe und sie für einen Skandal halte, der für immer ein Zeichen der Schande unserer Zeit bleiben wird.‹

Auf ungezählten Listen sammelten Brunners Gesinnungsgenossen Unterschriften von Personen, die gegen die Aufführung protestierten, gleichviel, ob sie das Stück gesehen
hatten, oder nicht. Die Empörung über das ›unzüchtige
Machwerk des Juden aus Wien‹ (gemeint war der Dichter
Arthur Schnitzler) wurde künstlich geschürt. Von einer ›un-
geheuerlichen Schweinerei‹, die man dem deutschen Menschen zumute, schrieben die rechtsradikalen Zeitungen.

›Schweinerei‹ hieß dann auch das Stichwort, mit dem der

deutsch-völkische Schutz- und Trutzbund, Ortsverband
Hasenheide, am 22. Februar 1921 das Signal zu einem lang-
vorbereiteten Theaterskandal gab.

Aber im Kleinen Schauspielhaus hatte man sich schon darauf vorbereitet.

Als dann im vierten Bild der Tumult losbrach, wurde der
Zuschauerraum sofort erhellt, so daß die über den Saal verteilten vierzig Kriminalbeamten die ärgsten Krakeeler und
Stinkbombenbanausen festnehmen konnten. Die Vorstellung wurde zuende geführt.

Aber jetzt leitete die Staatsanwaltschaft – auf Weisung – ein
Strafverfahren ein, und zwar gegen die Schauspieler wegen
unzüchtiger Handlungen auf der Bühne und gegen den Regisseur (Reusch) und die Direktion wegen Beihilfe und An-
stiftung dazu.

Nun, die große Strafkammer und der Oberstaatsanwalt, die
mit der Sache befaßt wurden, kamen über das Urteil der Zivilkammer nicht hinweg, in dem die Reigenaufführung als
eine sittliche Tat bezeichnet worden war. Aus subjektiven
Gründen wurde das Verfahren eingestellt. Aber die Große
Strafkammer ließ es alle Beteiligten wissen, daß sie die Aufführung objektiv als ärgerniserregend ansah.

Schauspieler und Direktion wußten jetzt, daß sie mit einem
erneuten Strafverfahren rechnen mußten, wenn sie trotz
dieser Belehrung weiterspielten. Aber sie ließen sich nicht
beirren.

Einige Monate später saßen sie alle in Moabit auf der An-
klagebank. Es war am 5. November 1921.

[. . .]

Am sechsten Tage dieses Mammutprozesses mußten alle
Angeklagten freigesprochen werden. Auf der Bühne des
Kleinen Schauspielhauses hatte sich nichts Ärgerniserregen-
des zugetragen. Der Vorstoß der ihres Rotstifts beraubten
Zensoren war diesmal noch vergeblich geblieben.

Was die Angeklagten während des Prozesses empfanden,
sagte die Schauspielerin Copony in ihrem letzten Wort, also

noch vor der Urteilsverkündung: ›Wenn in Deutschland eine Schauspielerin wie Frau Eysoldt wegen eines solchen Delikts ins Gefängnis kommt, dann wird es mir eine Ehre sein, mit ihr dorthin zu gehen. Und was unsere Strafe anbelangt, so muß ich sagen, daß wir als Künstler die schwerste Strafe schon hinter uns haben, indem wir gezwungen waren, über etwas, was uns eine schöne und begeisternde Aufgabe war, so häßliche Reden hier anzuhören.‹«

[N. N.:] Der Reigen um den Reigen. In: Der Tagesspiegel (Berlin). 25. Februar 1962. Zit. nach: Hans-Ulrich Lindken: Arthur Schnitzler, Aspekte und Akzente: Materialien zu Leben und Werk. Bern / Frankfurt a. M. [u. a.]: Lang, 1984. S. 295–299. – Mit Genehmigung des Verlags Der Tagesspiegel GmbH, Berlin.

Die Berliner Theaterkritik in ihrer Mehrheit beurteilte die Uraufführung des *Reigen* wohlwollend, in dieser positiven Einschätzung stimmen sogar die später über Bertolt Brecht entzweiten Kontrahenten Alfred Kerr und Herbert Ihering überein. Joseph Roth vergleicht den *Reigen* – wie viele andere seinerzeit – mit Frank Wedekinds Lulu-Dramen *Erdgeist* und *Die Büchse der Pandora* (1894), zugunsten Wedekinds und seiner Konzeption einer überdimensionalen Verführerin. Maximilian Harden schließlich, auch zum Protest gegen die Angriffe auf die Freiheit der Kunst aufgefordert, äußert sich in seiner Zeitschrift *Die Zukunft*, wie fast immer, vertrackt und mißmutig. Zudem irrt er sich. Weder hat Reinhardt die Aufführung des *Reigen* verweigert, im Gegenteil, er hat sie angestrebt, noch hat es im Kleinen Schauspielhaus nur teure Karten gegeben. Die nachweislich billigen Plätze waren als erste ausverkauft – und bestimmt nicht an »Schieber« und »Schleichhändler«. Schnitzler hat öffentlich Hardens Fehlinformation über Reinhardt korrigiert und im übrigen Harden seine Meinung gelassen – in der Haltung viel nobler als sein Gegner.

Alfred Kerr:

I

»Darf man Stücke verbieten? – Nicht mal, wenn sie schlecht geschrieben sind und schlecht gespielt werden (was ein Standpunkt sein könnte).

Hier aber ist ein reizendes Werk, – und es wird annehmbar gespielt.

Der Erfolg war gut; die Hörerschaft wurde nicht schlechter davon. Und die Welt ist, zum Donnerwetter, kein Kindergarten.

Schnitzler schrieb das Buch vor vierundzwanzig Jahren. Er hat's damals nur den Freunden geschenkt. Im Deutschen Reich war es nicht druckbar – unter einer Regierung, die für aller Wohl so sehr sorgte, daß es allen heute so gut ergeht.

Einen Augenblick Rast und Besinnung! Es wird auf die Dauer zu fad, vor allen wichtigsten Begleitumständen der menschlichen Fortpflanzung sich tot zu stellen; sich dumm zu stellen. Eine langdauernde Hypnose. Die Einteilung ›Altertum‹, ›Mittelalter‹, ›Neuzeit‹ ist im Grunde verfrüht.

II

Reigen heißt hier Liebesreigen. Und Liebe heißt hier nicht platonische, sondern . . . Also: angewandte Liebe.

Sie wird angewandt (ohne Gröbliches, Lüsternes, Schmieriges) zwischen zehn Menschenpaaren. Und zwischen allen Gesellschaftsklassen.

Stets das Hinübergreifen von einer Schicht zur andren. Folgendermaßen. Dirne, Soldat. Soldat, Stubenmädel. Stubenmädel, junger Herr. Junger Herr, junge Frau. Junge Frau, ihr Mann. Ihr Mann, süßes Mädel. Süßes Mädel, Poet. Poet, Schauspielerin. Schauspielerin, Graf. Graf, Dirne . . . Der Reigen ist geschlossen.

Voltaire hat im ›Candide‹ Ähnliches vorgemacht. Die Reihenfolge bei ihm ist: Stubenmädel; Franziskaner; alte Gräfin; Rittmeister; Marquise; Page; Jesuit; Matrose des Columbus ... Auch hier ist also von der so oft erstrebten Überbrückung der Klassenunterschiede wenigstens einiges durchgeführt.

Die seelische Tragikomik des körperlichen Begebnisses hat ja auch der himmlische Hogarth in zwei Bildern unsterblich festgelegt: ›Vorher‹ und ›Nachher‹ benannt. Die Welt steht immer noch.

III

Schnitzler ist mehr launig als faunig. Er gibt mit nachdenklichem Lächeln den irdischen Humor der unterirdischen Welt.

Nicht Schmutzereien: sondern Lebensaspekten. Auch das Vergängliche des Taumels; das komisch-trübe Schwinden des Trugs. Alles umhaucht von leisem, witzigem Reiz.

Herr Hubert Reusch, der Spielwart, hat es nicht ganz ohne Glück nachgestaltet. Der Erfolg ließe sich verstärken, wenn man die Musik streicht – und einen Teil der Darsteller auf die Höhe der Ausstattung bringt.

(Sie war von Stern; manchmal zu üppig – so im Zimmerl des Poeten.)

Alles müßte leiser, leichter, ironisch-zarter im gesprochenen Wort sein. Aber alles war, o Polizei, dezent.

Der Gewinn des Abends hieß Poldi Müller. Das ist niemand, der Leopold heißt. Sondern jemand, der offenbar Leopoldine heißt. Sie war das süße Mädel.

Ja, sie war es ...

Von der Schauspielerin, die es mit dem Dichter und dem Grafen hat, holte Fräulein Dergan (Blanche mit Vornamen) bloß einiges heraus. Die Rolle schreit, brüllt nach der Sandrock, – wo die noch keine grauen Herzoginnen gab.

Fräulein Dergan war liebenswürdig – aber die Gestalt braucht noch mehr Feierliches, Unzusammenhängendes, Erhaben-Hundeschnäuziges, Unbeirrbar-Ruhevolles – daß man vom Stuhl fällt.

Das köstliche Abschiedswort an den Offizier, ›Adieu, Steinamanger!‹ verkitschte sie durch eine Weglassung.
Wie auch der Schauspieler Curt Goetz Ersatzwirkungen
durch freiwilliges Sichbegießen mit Wasser beitat. Er war
nicht recht ein wienerischer junger Herr.
Seine junge Frau, Fräulein Magda Mohr (neulich Magda
Madeleche) hatte den Namen geändert. Jetzt, wenn sie noch
einiges ändern möchte.
Herr Etlinger kam als Poet in der Maske Schnitzlers; wodurch er ihm zu nahe trat. Undankbar gegen einen Autor.
Doch im Phlegma blieb er ganz ulkig.

IV

Zum Beginn und zum Schluß erschien die Prinzipalin, Frau
Eysoldt. Sie trug mit Recht ihre Klage wider die Polizei vor
die Anwesenden.
Die Aufführung ist bei sechs Wochen Haft verboten worden, – dabei hat die hineingreifende Stelle das Werk nur gelesen, nie gesehn.
Das alles geht vom Kultusministerium aus? Bestimmt nicht
von Hänisch [der amtierende preußische Kultusminister].«

A. K.: Art[h]ur Schnitzler: *Reigen*. Kleines Schauspielhaus. In: Berliner Tageblatt. 24. Dezember
1920. Zit. nach: A. K.: Mit Schleuder und Harfe.
Theaterkritiken aus drei Jahrzehnten. Berlin: Henschel Verlag, 1981. S. 200–202. – Mit Genehmigung der Dornier Medienholding GmbH, Berlin.

Herbert Ihering:

»Das Kleine Schauspielhaus gehört der Hochschule für Musik. Die Hochschule für Musik untersteht dem Kultusministerium. An der Spitze des Kultusministeriums steht der
bekannte Freidenker Konrad Haenisch. Über dem bekann-
ten Freidenker Konrad Haenisch stehen die Februarwahlen. Und die Februarwahlen werden mit seinem Ministerium Schluß machen? Keineswegs. Schon fand Herr Hae-

nisch den Beifall eines deutschnationalen Abgeordneten,
der von diesem Beifall Unannehmlichkeiten hatte. Herr
Haenisch nimmt diesen Unannehmlichkeiten den Grund,
indem er die Sittlichkeit schützt und Schnitzlers »Reigen«
verbietet.

Oder sollte Herr Haenisch nur der Angeführte sein und es
sich – im Hinblick auf die kommenden Zeiten – um einen
Vorstoß der Geheimräte handeln? Sollte einen sozialdemo-
kratischen Minister im letzten Augenblick doch noch die
Scham überkommen, sein Ministerium zu etwas hergegeben
zu haben, was kein kaiserliches Ministerium jemals gewagt
hätte? Nämlich die Direktoren eines Theaters mit – sechs
Wochen Haft zu bedrohen, wenn sie eine Aufführung gegen
eine einstweilige Verfügung unternehmen sollten? Im Kleinen Schauspielhaus dürfen – laut Mietvertrag – keine Stücke
gegeben werden, die in politischer, religiöser und sittlicher
Hinsicht Anstoß erregen. Ist Erotik unsittlich. Dann müßte
das Kultusministerium sofort die Hochschule für Musik
schließen. Denn die Musik ist die erotischste aller Künste.

»Reigen« ist eine der reizendsten Dichtungen Schnitzlers,
weil seine Dialoge aus diesem erotischen Nervengefühl geboren sind, das nur noch um einen Grad sublimiert zu werden brauchte, um Klang, um Ton zu werden. »Reigen« ist
auch eine der reinlichsten Dichtungen Schnitzlers, weil
seine sinnlichen Schwebungen, seine erotischen Frivolitäten
und Melancholien nicht feuilletonistisch umschmust, nicht
mit Tiefsinn drapiert, nicht unter Anspielungen versteckt
werden, weil sie sich darbieten als das, was sie sind: graziöse
Liebesspiele ohne geistige Verfälschung. Die Nachdenklich-
keit ist das erotische Erlebnis selbst. Seine Ausstrahlungen,
seine Schwingungen, seine Spannungen, seine Ermattun-
gen.

»Reigen« ist Wien, ist der betäubende, lockende, verführeri-
sche Schimmer dieser herrlichen, fauligen, sinkenden, ver-
sunkenen Stadt. »Anatol« ist heute kaum noch zu ertragen,
weil Schnitzler hier eine geistige Distanz zu den Abenteu-

ern seines Charmeurs vorspielt, die er nicht hat. Daß
Schnitzler im »Anatol« charmiert, verniedlicht, kokettiert,
ironisiert, tändelt und darauf hinweist, daß er tändelt,
macht diese Einakterreihe zu einem Abbild auch jenes »geistigen« Wien, dessen verlogene Süßlichkeit aufreizt. »Reigen« aber ist das Spiel, die Leichtigkeit selbst. Wenn mit der
Dirne über den Soldaten und das Stubenmädchen und den
jungen Herrn und die junge Frau und den Ehemann und
das süße Mädel und den Dichter und die Schauspielerin und
den Grafen alle verknüpft sind, so ist dieser Reigen von einer schwebenden Freiheit, die künstlerisch entzückt und
deshalb menschlich erheitert.

Viele Dramen von Schnitzler sind veraltet, weil sie Probleme stellten und die Probleme entweder zu leicht waren
oder von der Zeit zerfressen wurden. »Reigen« ist unpro-
blematisch und wird in der deutschen erotischen Literatur,
die arm ist, bleiben. Es ist sicher, daß ein neuer Dichter ein
Stück, das allein den Geschlechtsakt umspielt, heute nicht
schreiben würde. Ebenso sicher aber ist, daß, wenn er es
schriebe, er es plumper schreiben würde.

Gertrud Eysoldt hatte recht, als sie sich vor der Vorstellung
hinter die Dichtung und die Darstellung stellte. Daß sie in
ihrer Rede den Kampf gegen das Kultusministerium auf
sich nahm. (Das, wie sie sagte, schon längst ein Interesse
daran habe, ihre Direktion an die Luft zu setzen, weil es
den Theatersaal für seine eigenen Zwecke benutzen wolle.)
Sie ließ sich durch die Aufführung bestätigen. Diese zerfiel
in zwei Hälften. In eine langweilige (die die Sittlichkeit
nicht beunruhigte) und eine amüsante (die die Sittlichkeit
nicht beunruhigte). Die Schauspielkunst pflegt sich in erotischen Stücken auf die Seite der Männer zu schlagen, weil die
Frau die erotische Phantasie direkter und auf der Bühne
auch ohne Übersetzung in Kunst auszudrücken vermag.
Hier wurde sie mit Takt und Laune (allerdings nicht immer
mit Talent) gegeben. Und wo schauspielerische Routine,
wie bei Poldi Müller, mitsprach, wurde sie leicht kitschig.

Wenn man bedenkt, mit welch knalliger Aufdringlichkeit in der Residenz-Theater-Darstellung von Sudermanns »Raschhoffs« Olga Limburg eine Dirne spielte, erscheint die Diskretion des Kleinen Schauspielhauses vorbildlich. Die Schauspielkunst blieb bei Curt Goetz, der ironisch und elegisch den jungen Herrn spielte, bei Robert Forster-Larrinaga, der den Grafen mit persönlicher Gepflegtheit gab, und bei Karl Etlinger als Dichter. Karl Etlinger ist ein improvisierender Schauspieler. Er ist der letzte aus der langen Reihe der Wiener Volkskomiker: saftig, verspielt und schrullig. Er ist ein Original, eine Persönlichkeit – aber mit Schnitzler kam er nicht immer zusammen. Etlinger ist kein Schauspieler für Dialoge. Er muß mimisch phantasieren können. Dann leuchtet er auf, dann steht er im Kontakt mit dem Publikum.
Die Dekorationen waren von Ernst Stern. In der Verspieltheit kam er zu seinem Recht.«

H. I.: *Reigen*. Kleines Schauspielhaus. In: Berliner Börsen-Courier. 24. Dezember 1920. Zit. nach: H. I.: Theater in Aktion. Kritiken aus drei Jahrzehnten 1913–1933. Berlin: Henschel Verlag, 1986. S. 59–61. – Mit Genehmigung der Dornier Medienholding GmbH, Berlin.

JOSEPH ROTH:

»Vor dem Aufgehn des Vorhangs berichtete Frau Gertrud *Eysoldt*, daß die Staatsanwaltschaft *zwei Stunden vor der Premiere* den »Reigen« verboten habe und daß *dennoch* gespielt werde. Pfui, Herr Staatsanwalt! Wir stehen bereits nach Wedekind und knapp vor Silvester 1920! – Hoch, Frau Eysoldt! Sie haben Mut und Entschlossenheit bewiesen für die Kunst.
Nachdem dieses gesagt ist, darf auch folgendes erzählt werden: daß der ›Reigen‹ von Arthur Schnitzler selbst nicht für die Bühne und nicht für das Lesepublikum bestimmt war, sondern für einen intimen Freundeskreis. Daß das Manu-

skript lange Zeit in der Lade des Autors lag, weil er Bedenken hatte. Und daß er schließlich *gezwungen* war, es doch
zu veröffentlichen. Es ist Pflicht des Referenten, Schnitzler
einerseits vor dem Staatsanwalt, andererseits vor dem »Reigen« in Schutz zu nehmen.

In jeder der zehn Szenen wird feuilletonistisch-witzig nach-
gewiesen, daß die Brunst des Männchens nach der Vereinigung erloschen ist. (Von den Tieren weiß man das schon
längst.) Robert *Forster-Larrinaga* mußte deshalb eine ›ver-
bindende Musik‹ schreiben, die in jeder Szene dort einsetzt,
wo der Vorhang über einer zensurwidrigen Intimität sittig
sich senkt. Um begünstigend anzudeuten, daß hinter dem
Vorhang die Peripetie sich vollzieht, spielt ein verborgenes
Orchester sozusagen eine Erotica. Die Musik wirkt gut und
ist notwendig. Das spricht gegen den ›Reigen‹.

Else *Bäck* gab die ›Dirne‹. Wahr und jede Nuance mathe-
matisch feststellend. Eine gut durchkomponierte Dirne mit
stillen, etwas zu stillen Theatereffekten. Kurt *Götz* als ›junger Herr‹, Viktor *Schwanneke* als Ehemann, Poldi *Müller*
als ›süßes Mädel‹ waren ›guter Durchschnitt‹. *Forster-Larrinaga* karikiert zu sehr den ›Grafen‹, Blanche *Dergau* gibt
eine fast hysterische ›Schauspielerin‹, und es soll nur eine
›Schauspielerin‹ schlechthin sein. Karl *Etlinger* aber *war*
›der Dichter‹. Himmelblau-verschmockt, instinktiv-ge-
scheit, Frauenverführer ohne persönliches Verdienst. Tän-
zelnd über Ernst und Lächerlichkeit, Herrchen jeder Situation, unmündig und mutterwitzig. Eine Art tapferes Dich-
terlein. – Hubert *Reuschs* Regie ist geschmackvoll.«

J. R.: *Reigen*. Kleines Schauspielhaus. In: Neue
Berliner-Zeitung – 12-Uhr-Blatt. 24. Dezember
1920. Zit. nach: J. R.: Werke. Bd. 1: Das journalisti-
sche Werk 1915–1923. Hrsg. von Klaus Wester-
mann. Köln: Kiepenheuer & Witsch, 1989. S. 426 f.

»Diese Ehrlichen halten dem Dichter die skeptisch-leichte Behandlung menschlicher Heiligtümer vor. Das ironische Lächeln über Problematisches und Natürlich-Religiöses. Sie tadeln nicht die Wahl des Themas, sondern seine *Behandlung*. Das aber macht gerade die Schnitzlersche Eigenart aus: überlegenes Lächeln bei irdischen Schmerzen; die Dinge zwar nicht vom Standpunkt der Ewigkeit zu betrachten, aber vom Standpunkt der *Abseitigkeit*; die Weltweisheit eines – gesunden Menschenverstandes. Wedekind ringt mit den erotischen Problemen. Schnitzler tut sie ab. Pathetische Menschen empfinden Schnitzlers Lächeln arrogant. Der ›Reigen‹ ist ihnen eine Naturlästerung.

Den Sensiblen kann die Aufführung eine Preisgabe keuscher Verschwiegenheiten bedeuten. Alles Geschlechtliche ist zwar nicht Geheimnis, aber Verschwiegenheit. Es auf die Bühne bringen heißt es an die Öffentlichkeit zerren und entweihen.

Nur die wirkliche *Notwendigkeit* einer ›Reigen‹-Aufführung kann sie vor den Sensiblen entschuldigen. Wo aber lag diese Notwendigkeit vor? Wie ist der Nachweis zu erbringen, daß das Stück aus ethischen, nicht aus sensationellen Gründen aufgeführt wurde? Um das Buch lagerte seit eh und je die Pubertätsneugier der Minderjährigen. Das Geheimnis der ›verbotenen Frucht‹. *Das* waren die Gründe seines Erfolges. Nicht sein Kunstwert. Nicht seine Bedeutung. Es mag ein reizendes Kunstwerk sein, sagen die Sensiblen, aber es bringt uns keinen Schritt weiter. Was Schnitzler mit geistreichen Pointen sagt, wissen wir selbst. Ja, er nähert sich dem gefährlichen Paradox und entfernt sich von der Wahrheit. ›Ein Juwel‹, mag sein! Aber *mußte* es aufgeführt werden? Eine Angelegenheit, bei der der Reife sich amüsiert und nur der Primaner sich aufregt? ...

J. R.: Epilog zum *Reigen*-Prozeß. In: Berliner Börsen-Courier. 16. November 1921. Zit. nach: Ebd. S. 679 f.

Maximilian Harden:

»Der mit der Verantwortlichkeit für ein großes Heer Ange-
stellter bebürdete, von der Sorge für den über alles Erwar-
ten hinaus vertheuerten Riesenbau des Großen Schauspielhauses bedrückte Künstler Max Reinhardt war überredet
worden, sich das Aufführungsrecht für seine Kammerspiel-
bühne zu sichern (›sonst erwirbt es morgen ein Anderer‹);
stimmte mir aber sofort zu, als ich seiner Frage, ob die Aufführung mir rathsam scheine, antwortete: ›Durch die Aus-
stellung von Akten, die den Beischlaf vorbereiten, Geld zu
verdienen, kann und muß Reinhardt Anderen überlassen.‹
Er hat, trotz mancher Schwierigkeit in der Spielplangestal-
tung, aus seinem Recht nicht Zins gezogen, die Koitusge-
spräche nicht auf seine Bühne gebracht. Und er wäre, vielleicht, der Einzige gewesen, dessen Theatergenie ihnen ein
szenisches Phantasiegewand von eigenem Kunstwerth zu
wirken vermochte.
[...]
Auch diese Darstellung, ruft man, sei erlaubt; denn der
Freiheit der Kunst sei nirgends eine Grenze gesetzt. Nirgends auch da, wo sie in öffentliches Gewerbe austritt? Euer
›Reigen‹ zeugt gegen Euch. Weshalb werden die Begat-
tungsakte selbst, in deren Verlauf oft die echtesten, mensch-
thierisch tiefsten Laute aus Mannheit und Weibheit aufheu-
len, aufkeuchen, nicht vorgeführt, sondern durch kitschige
Fetzen von Musik ersetzt, der hier (unter dem Dach der
Hochschule für Musik) das Amt des Stimmung machenden
Klavierspielers im Bordell zugewiesen ist? Weil dem Gewerbe öffentlicher Kunstausstellung eben doch eine Grenze
gezogen ist.
Wo läuft sie? Auf der Linie, die leidenschaftliche Wallung
von Prostitution scheidet. Und Prostitution, scheint mir, ist
da, wo die Geberde sexualer Begierde von dem Zweck des
Gelderwerbes bestimmt ist. Das Weib, das seinen Schoß
dem Stundenmiether öffnet und ihm eine der Höhe des

Pachtzinses angemessene Erregtheit oder Paarungslust vor-
täuscht, gilt, obwohl es nur über sein Eigenstes verfügt und
auf seine Art durchaus »reell« handelt, als prostituirt und
geschändet. Und ein Serienspiel, das die selben Grimassen
allabendlich ein paar Hundert Wohlhabenden, zum selben
Zweck des Gelderwerbes, vorführt, soll ich als ein Gebild
reiner Kunst in Ehrfurcht anstaunen?

Herz und Nieren, Willen und Vorstellung der Direktion des
Kleinen Schauspielhauses zu prüfen, ist nicht meines Amtes; ich habe Frau Eysoldt stets als ernste Künstlerin geschätzt und bin weitab von jedem Wunsch, sie oder ihren
Sozius üblen Wollens zu verdächtigen. Möglich, daß sie
nicht sehen, was ist. Was ist? An der Kasse werden bis zu
hundert, dem Zwischenhändler bis zu vierhundert Mark für
den Platz gezahlt; und um diese Plätze rauft alltäglich die
Menge. Welche? Dem aufstrebenden Künstler, dem Beam-
ten, Richter, Forscher, Gelehrten, dem schlichten Bürger,
gar dem Proletarier, sind noch die ›billigen‹ Plätze uner-
schwinglich. War ein Werk edler Kunst der deutschen
Bühne zu erobern: warum gab mans nicht dieser Schicht?
Warum reservirte mans Denen, die Sprachgebrauch von
heute Schieber, Schleichhändler, Parasiten des Krieges und
Umsturzes nennt? Will ein Ernster im Ernst behaupten,
diese Leute drängten sich an die Kasse, um Kunst zu genie-
ßen?«

M. H.: Reigen. In: Die Zukunft (Berlin). 8. Januar
1921.

Ebenso wie die Berliner Aufführung des *Reigen* rief die
Wiener Aufführung vom 1. Februar 1921 interessierte und
einfühlsame Reaktionen der liberalen Theaterkritik hervor
und heftige Abwehr nationalistischer und antisemitischer
Kreise, denen auch Mitglieder der christlich-sozialen Partei
zuzurechnen waren. Der erste »Sturm« gegen die Wiener
Kammerspiele begann bereits gut zwei Wochen, nachdem

das Stück auf den Spielplan gesetzt wurde. Unverkennbar war dies ein Protest des sogenannten »arischen Wien« gegen die »jüdische« »Vergiftung der Volksseele«. Um so bedauerlicher ist es, daß der beredsame Zeitsatiriker Karl Kraus in seiner Zeitschrift *Die Fackel*, im Fall Schnitzler besonders zänkisch, dem Dichter des *Reigen* die Schuld an dem aggressiven Tumult gibt – offenbar wußte er nichts von Schnitzlers eigenen Bedenken oder ignorierte sie um seiner Polemik willen.

RAOUL AUERNHEIMER:

»Zu diesen geistigen Elementen gehört vor allem die Idee des ›Reigen‹, die, hier zum erstenmal in eine poetische Gestalt gebracht und Schnitzlers ureigenstes geistiges Besitztum bildend, dem Werk für sich allein eine gewisse literarhistorische Bedeutung sichert. Was Schnitzler bei der Aneinanderfügung dieser lockeren und doch im tieferen Sinne zu einer geistigen Einheit verbundenen Szenenkette vorgeschwebt haben mag, war wohl der Gedanke, ein Seitenstück zu den um die Wende des Mittelalters so beliebten Totentänzen gewisser deutscher Maler auf dem Gebiete der Liebe zu schaffen. Wie dort der Tod eine nach Ständen gegliederte Welt nach seiner Fiedel anzutreten und in seinem Reigen mitzutanzen zwingt, so setzt hier die Liebe eine gleichfalls noch ständisch abgestufte Menschheit mit ihrem Wink und Ruf in Bewegung. Die Dirne reicht dem Soldaten die Hand, der Soldat dem Stubenmädchen, das Stubenmädchen dem jungen Herrn, der junge Herr der jungen Ehefrau, die Ehefrau ihrem Gatten, der Gatte dem süßen Mädel, das süße Mädel dem Dichter, der Dichter der Schauspielerin, die Schauspielerin dem Grafen und der Graf der Dirne. Höher treibt der trotz alledem bürgerlich empfindende junge Schnitzler den Reigen nicht empor im Gegensatz zu jenen Totentänzen, die auch vor Kaiser und Papst nicht haltmachen. [...] Wir alle sind nur allzugeneigt, in der Dirne einen

widerlichen Schandfleck der Menschheit zu erblicken, ohne
zu bedenken, daß jeder, der ohne wahre Liebe ein Weib umarmt, und jeder, der sich um die Folge einer Umarmung lü-
genhaft herumdrücken möchte, die Verantwortung dafür von sich
abwälzen möchte, den Stand der Dirnen mittelbar vermehrt
und dadurch mittelbar doch wieder nur an sich selbst, an
seinem eigenen Geschlecht frevelt. So angesehen ist der
›Reigen‹, was man ihm am wenigsten ansehen würde, sogar
ein moralisches Werk, und wenn ihm in dieser Hinsicht ein
Vorwurf zu machen ist, so ist es nur der, daß er diese Moral,
die latent in ihm vorhanden ist, nirgends deutlich hervortreten läßt. Hiedurch unterscheidet er sich von den ›Liaisons
dangereuses‹, in denen der Autor, wenigstens am Schlusse,
aus dem Standpunkt, den er der von ihm geschilderten
Sittenverderbnis gegenüber einnimmt, kein Geheimnis
macht.
[...]
Nach so viel Lob wird man freilich auch einige Einschrän-
kungen machen müssen, die zwar nicht das Werk an sich,
wohl aber seine uneingeschränkte Veröffentlichung und
noch mehr seine öffentliche Aufführung betreffen. Zunächst
ist klar, daß der ›Reigen‹ seinen Erfolg, den er gestern hatte
und wahrscheinlich längere Zeit hindurch haben wird, weit
mehr einem Mißverständnis als dem Verständnis des Publikums zu danken haben wird. Ferner ist sicher, daß er auch
insofern nicht auf die Bühne gehört, als sich der Liebesvor-
gang, in den jede einzelne Szene mündet, weder dramatisch,
noch szenisch darstellen läßt. Daran kann auch die ge-
schickteste und ingeniöseste Inszenierung nichts ändern,
wie anderseits auch die geschmackvollste, deren Prinzip
die Aufführung in den ›Kammerspielen‹ zu dem ihrigen
machte, die Peinlichkeit der Situation für den Zuschauer
nicht ganz aufzuheben vermag. Das sich umarmende Paar
mag immerhin im tiefsten Dunkel verschwinden und zwei
Sekunden später harmlos plaudernd wieder zum Lichte zu-
rückkehren, es bleibt doch ein beklemmender Augenblick,

um so beklemmender, als er sich mit peinlicher und undramatischer Regelmäßigkeit von Szene zu Szene wiederholt. Es ist aber ein nicht nur beklemmender, sondern auch dramatisch öder Moment, den dieser Dunkelheitsrefrain auslöst, weil man sich der Ohnmacht der Bühne dabei jedesmal deutlich bewußt wird. Die Verdunkelung wirkt wie eine Verlogenheit, und diese Verlogenheit stört und beeinträchtigt naturgemäß die künstlerische Wirkung eines Werkes, dessen beste Eigenschaft seine kühne Wahrhaftigkeit ist.«

R. A.: Schnitzlers *Reigen* auf der Bühne. In: Neue Freie Presse (Wien). 2. Februar 1921.

Ein namentlich nicht gezeichneter Artikel, ebenfalls in der *Neuen Freien Presse*:

»Die schon seit einigen Tagen gehegten Befürchtungen wegen der Aufführungen der Schnitzlerschen Dialogszenen ›Der Reigen‹ in den Kammerspielen haben sich heute verwirklicht. Während der Abendvorstellung kam es zu wüsten Szenen, wie sich solche in einem Wiener Theater nie zuvor abgespielt haben. Im Zuschauerraum waren Demonstranten anwesend, die darauf warteten, bis andere Gruppen von Gesinnungsgenossen, die verabredetermaßen von der Straße aus in das Theater eindrangen, den Zuschauerraum erreicht hatten. Es kam hiebei zu Kämpfen zwischen den Demonstranten, der Wache, dem Theaterpersonal und dem Publikum, zu argen Verwüstungen im Theatergebäude selbst, zu Zertrümmerungen von Fenstern, Sesseln, Musikinstrumenten, wie auch zu tätlichen Mißhandlungen von vielen Theaterbesuchern, von Männern und auch Frauen, die geschlagen und bei den Haaren gezerrt wurden. Die Vorstellung mußte abgebrochen werden; die Tumultszenen im Theatergebäude selbst führten eine wilde Panik der Theaterbesucher herbei, die zu flüchten oder sich in Verstecken zu verbergen bestrebt waren.

Der Vorhang mußte heruntergelassen werden und die Panik vermehrte sich noch dadurch, daß sich plötzlich ein Wasserstrahl über den Zuschauerraum ergoß, nachdem einer der Demonstranten den nächst der Bühne befindlichen Hydranten aufgedreht und das Mundstück des Schlauches gegen den Zuschauerraum gerichtet hatte. Nachdem die Sicherheitswache Verstärkung erhalten hatte, konnte das Theatergebäude geräumt werden. Die Tumultszenen auf der Straße dauerten noch eine Zeitlang fort und schließlich gelang es der Wache, die Demonstranten gegen den oberen Teil der Rotenturmstraße abzudrängen. Diese zogen sodann in geschlossenem Zuge bis zum Stephansplatz und sangen während des Marsches deutschnationale Lieder. Auf dem Stephansplatze forderte die Sicherheitswache die Demonstranten zur Auflösung des Zuges auf. Einer ihrer Führer, der auch schon früher die Kundgebungen mit dem Signal einer Sirenenpfeife dirigiert hatte, hielt hier eine kurze Ansprache, in der er ausführte, daß der Zweck erreicht sei und daß die Teilnehmer nun nach Hause gehen mögen, welcher Aufforderung auch Folge geleistet wurde.

Stinkbomben im Theater.

Die heutige Abendvorstellung, die ebenso wie die übrigen der letzten Tage ausverkauft war, begann in vollster Ruhe. Es hatten sich aber bereits Gerüchte verbreitet, daß es zu Kundgebungen kommen würde, und es hieß, daß Gegner der Aufführungen Sitze gekauft hätten. Der Mehrzahl der Theaterbesucher war darüber nichts bekannt; eine gewisse Unruhe entstand aber schon während der ersten Dialoge, als ein scharfer, durchdringender Geruch sich bemerkbar machte, der auf Stinkbomben zurückgeführt wurde. Man versuchte diesem üblen Geruche durch Ausspritzen von Desinfektionsmitteln zu begegnen. Der Theaterleitung wurde im Zuschauerraum ein Besucher als christlichsozialer Nationalrat bezeichnet, der sich angeblich

auffallend benahm und, wie behauptet wurde, den im Zuschauerraum verteilten Demonstranten Zeichen gab.«

[N. N.:] Der Sturm gegen die Kammerspiele. In:
Neue Freie Presse (Wien). 17. Februar 1921.

ROBERT MUSIL:

»Heiterer war das zweite Ereignis, der Reigenpogromskan-
dal. Ich wiederhole nur das Wesentliche.
Der apostolische Justitiar Bundesminister Glanz verbietet
es, die Aufführungen von Arthur Schnitzlers Reigen fortzu-
setzen. Der Archidiakon von St. Marx, Bürgermeister Reumann, erklärt, dies wäre seine Sache und erlaubt, es weiter-
zuspielen. Bürgermeister Reumann ist vor dem Verdacht,
die Dichtung zu fördern, schon durch die literarischen
Preise geschützt, welche die Stadt Wien während seiner
Amtszeit verliehen hat; da man aber um Gotteswillen nicht
glauben soll, daß er sich vergessen habe, beteuert er, nur für
den § 7802 der Ministerialverordnung vom Jahre 623 zu stehen und zu fallen. Zwischen den Parteien steht – wie ein ei-
gensinnig unentschlossener Dackel, den es von zwei Seiten
lockt: ›Komm mit dem Herrl!‹ – Polizeipräsident Schober,
der starke Mann von Österreich. Der eine fordert ihn auf,
das Theater zu schließen; der andere, es sich ja nicht einfal-
len zu lassen. Spannung wie bei einem Straßenereignis,
wenn die Ehre der Zuschauer von den Gegnern endlich einmal Tätlichkeiten verlangt. Der immer korrekte Justitiar
verweist zur Austragung auf den Verwaltungsgerichtshof,
der Archidiakon wendet sich wiederholt an die Umstehen-
den, ihn doch endlich zurückzuhalten, damit kein Unglück
geschehe. Die Unbeweglichkeit der Szene entwickelt sich
zum Verkehrshindernis. Zum Glück aber kommt im rech-
ten Moment – demutschnaubend und den Nibelungen-
schlagring in der Tasche – eine unserer Platten junger Leute christlich-arischer Weltanschauung hinzu, stürmt eines
Abends das Theater und macht zu dem etwas gestrigen Rei-

gen einen futuristischen Schluß ganz nach Marinetti mit
Stinkeiern, Platzpatronen, aufgedrehten Hydranten und
verprügelten Zuschauerinnen, deren Toilette durch Herab-
reißen der Kleider vollendet wird. Nun kann der Präsident
aus Gründen der öffentlichen Sicherheit die weiteren Aufführungen verbieten und was am Verwaltungsgerichtshof
noch folgen wird, ist ein theoretisches Nachspiel.

Da sich solche Ereignisse in den letzten drei Jahren alleror-
ten ereignet haben, sind sie nicht unter dem Wiener Gesichtspunkt, sondern unter dem einer sich anscheinend vor-
bereitenden allgemeinen Prüfung deutscher Polizeipräsi-
denten zu beurteilen. Bei dieser Wichtigkeit der Angelegenheit möchte ich meine Meinung nicht verhehlen. Der von
Berlin (welch' ein Boche!) hat die Aufführungen unter den
Schutz der Polizei gestellt, als ob es sich um ein gestörtes
Geschäft handelte. Ich glaube, daß er damit das einzige ge-
tan hat, was seines Amtes ist. Der Staat hat zur Kunst nur
ein einziges Verhältnis zu haben: daß er Einrichtungen
schafft, welche sie garantieren. Die Bühne ist eine moralische Anstalt, er hat die Anstalt zu schützen und die Moral
ihr zu überlassen. Nimmt man die Kunst ernst, wird sie
ernst sein und ich bin der unmodernen Meinung, daß sie
dann eine der ernstesten Menschenangelegenheiten sein
kann. Wie leicht hätte der Bürgermeister von Wien, – unab-
hängig davon, ob Schnitzlers Dramatisierung eine Ge-
schmacklosigkeit ist oder nicht, – über diese Dinge so sprechen können, daß man aufgehorcht hätte, weil noch nirgends eine offizielle Stimme sich zu diesen alten Wahrheiten
bekannt hat. Er hätte darauf hinweisen können, daß wenige
Schritte weiter tiefste Moral gespielt wird, daß Kunst Ebbe
und Flut hat und daß ein gesundes Staatsbürgergefühl sich
Respekt auferlegen muß vor Einrichtungen, die größer sind
als ihre Grenzen; wie man denn auch in der Kirche nicht
lärmen darf, wenn sich ein Prediger im Text vergreift. Er
hätte vielleicht auch darauf hinweisen dürfen, daß man die
Trübung eines Brunnens nicht dadurch beseitigt, daß man

hineinspuckt und daß unsere unter Bergen begrabene Nation die biegsame Kraft geistiger Überlegenheit braucht, um den Weg herauszufinden, und nicht die naive Athletik junger Milch-Eisenbärte.

Darf man aber verlangen, daß Politiker in Beurteilung der Kunst einen Ernst finden, den Kritiker und Künstler zumeist verloren haben?«

R. M.: Zusammenhänge? In: Prager Presse.
30. März 1921. Zit. nach: R. M.: Gesammelte
Werke. Bd. 2: Essays und Reden. Kritik. Hrsg. von
Adolf Frisé. Reinbek bei Hamburg: Rowohlt,
1983. S. 1473 f. – © 1978 Rowohlt Verlag GmbH,
Reinbek.

KARL KRAUS:

»Um aber auf besagten ›Reigen‹ zurückzukommen, so muß einmal das Bedauern ausgesprochen werden, daß Schnitzler just als er und die Zeit schon ernster geworden waren, ihn hervorgeholt hat, und gesagt werden, daß die Zulassung dieser Kassenerfolge das menschliche Bild des Dichters selbst dann alterieren würde, wenn er davon mehr als 100.000 Kronen an die Hungernden in Rußland abgetreten hätte. Denn darüber wollen wir uns wohl gar keiner Täuschung hingeben, daß, wie immer man über das Moralproblem der Bühne denken und den literarischen Wert des ›Reigen‹ einschätzen mag, sein Bühnendasein sich doch ausschließlich jenem Augenblick verdankt, wo der Dialog aufhört; daß sein typischer Zuschauer doch kein anderer ist als jener Voyeur, der, da über einer Entkleidungsszene der Vorhang eines Pariser Theaters fiel, ihm mit beiden Armen Halt gebieten wollte; und daß die Widerlichkeit der Erlaubnis, den Verdruß jedes Zensurverbots übertreffend, nicht nur in der Vorstellung des Gesindels enthalten war, das sich zu der Gelegenheit, zehn begonnene Akte in einem mitzumachen, anstellt, sondern eben auch in der Gelegenheit, die der Oberoffizial Kasmader bekam, sich sittlich zu erregen.

Und daß der Dichter die beiderseitige Erhitzung einander würdiger Parteien nicht nur ermöglicht und toleriert hat, sondern von der höhern Warte eines Logenplatzes im intimsten Raum überblicken konnte, zeigt doch, daß er zwar der Menschenfreund geblieben ist, der er immer war, aber selbst vor dem trübseligsten Schauspiel, von dem es ihm wohl angestanden hätte den so vielberufenen Weg ins Freie zu finden, nicht melancholischer geworden.«

K. K.: Der *Reigen*. In: Die Fackel (Wien). Jg. 24 (1922) Nr. 599–600. Nachdr. München: Kösel, 1971. S. 91 f.

Die Stellungnahme eines Unbekannten in der *Deutsch-österreichischen Tages-Zeitung*:

»Das im Wiener Rathause versammelte arische Wien erhebt in schärfster Weise Einspruch gegen die weitere Aufführung der zahlreichen jüdischen, auf die Vergiftung unserer Volksseele abzielenden Schweinereien auf unseren Wiener Schaubühnen, insbesondere gegen die weitere Aufführung von Schnitzlers ›Reigen‹. Nicht die Befriedigung künstlerischer Bedürfnisse, sondern die Ausnützung der leicht zu erregenden erotischen Triebe, die Vernichtung aller der jüdischen Geistesrichtung entgegenstehenden einfachen sittlichen Empfindungen ist der Zweck dieser Aufführungen. Geld- und Machtgier waren schon immer die Triebkräfte alles jüdischen Handelns. Die ›Reigen‹-Aufführungen sind längst kein Geschäft mehr, sondern nur eine Machtprobe, durch welche Juda zeigen will, daß es in diesem uralten Kulturzentrum deutschen Geistes die Macht an sich gebracht hat. Um diese seine Herrschaft zu stützen, hat es Juda verstanden, die staatlichen Machtmittel sich dienstbar zu machen. Ein außerordentliches Polizeiaufgebot ist bei jeder ›Reigen‹-Aufführung bereit, jeden Protest gegen die unerhörte Überhebung volksfremden Geistes gewalt-

sam zu unterdrücken. Hohnlächelnd triumphiert Juda als
Beherrscher Wiens.

Unsere Geduld ist zu Ende! Viel zu lange haben wir
die jüdischen Frechheiten geduldet und damit in der ganzen
Welt den Eindruck erwecken lassen, als sei Wien eine jüdische Stadt, in der die bodenständige deutsche Bevölkerung
sich zu beugen hat.

Noch ist es nicht so weit! Wir fordern daher unsere Regierung auf, sich endlich bewußt zu werden, daß sie durch ihre
Unterstützung jüdischen Übermutes, der überwiegenden
Mehrheit der Bevölkerung einen unerhörten Schimpf antut.

Wenn es richtig ist, daß unsere Staatstheater im Mai eine
eigene Schnitzler-Woche planen, so warnen wir jetzt
schon davor. Kein anständiger Deutscher wird diese Ver-
herrlichung eines jüdischen Dichters mitmachen, die Staatstheater werden sich mit neuem Defizit belasten. Unsere
Staatstheater werden dann zu rein jüdischen Schaubühnen, Judas Ziel und Streben ist erreicht.

Der Wille eines Volkes läßt sich aber nicht unterdrücken
und ringt sich früher oder später in elementarer Weise
durch. Wenn dann die Schranken gesetzlicher Ordnung
durchbrochen werden, so fällt die Schuld auf jene, die glauben, diesen Willen dauernd unterdrücken zu können.

Unsere Volksvertreter fordern wir auf, der Regierung klar
zu machen, daß sie kein Recht hat, ihre Machtmittel in den
Dienst jüdischer Herrschaftsgelüste zu stellen.

Der Regierung aber rufen wir zu: Bis hieher und nicht
weiter! Erfüllt Eure Pflicht dem arischen Volke gegenüber,
wenn Ihr nicht wollt, daß sich dieses sein Recht selbst und
durch Gewalt verschafft.«

[N. N.:] Das arische Wien gegen jüdische Sittenlo-
sigkeit. In: Deutsch-österreichische Tages-Zeitung
(Wien). 24. April 1922.

2. Der *Reigen*-Prozeß

Sorgfältig alle Argumente abwägend, kommt ein vom Wiener Magistrat bestelltes Gutachten über die behördliche Zulassung des Stückes im April 1921 zu dem Urteil, daß es dem Zensor des *Reigens* nicht anstehe, dem Dichter in den Arm zu fallen. Bemerkenswert ist, daß dieses Gutachten die »scharfe Realistik« des Stücks hervorhebt, ihm also zugesteht, daß es wirkliche Verhältnisse abbilde. Natürlich handelt es sich aber nicht, wie behauptet wird, um ein »Jugendwerk« Schnitzlers.

»Das Gutachten des Vizepräsidenten Tils.

Die Frage der Zulässigkeit dieses Stückes stellt die Zensur vor eine äußerst schwierige Aufgabe. Eine lose Folge von Bildern, die nichts anderes wiedergeben als die Wandlungen, welche die Psychologie des Geschlechtstriebes bei den verschiedenen Menschentypen von der gewöhnlichen Straßendirne angefangen bis zur feineren Hetäre und der anständigen Frau durchmacht, gehört wohl zu dem Gewagtesten, was je auf einer Bühne dem Publikum geboten wurde, und wenn in jedem Bilde die Vollziehung des Geschlechtsaktes den Mittelpunkt der Handlung bildet, so steht dies so sehr im Widerspruch mit der überlieferten Moral, mit den alten Vorstellungen, die in dem Theater ein Instrument zur Hebung der Sittlichkeit erblicken möchte, daß der Standpunkt der Polizeidirektion, die, von der Anschauung ausgehend, daß die Zensur den herrschenden Moralbegriff zu stützen habe, das unbedingte Verbot dieses Bühnenwerkes beantragt, wohl begreiflich ist. Es fragt sich jedoch, ob in dem vorliegenden Falle der Schutz der überkommenen bürgerlichen Moral mit ihrer Scheu vor einer Verletzung der oft nur äußerlichen Wohlanständigkeit der einzige Gesichtspunkt sein soll? Es hat immer Epochen gegeben, in denen künstleri-

sche Bestrebungen auftraten, die den Kampf gegen die im
Konventionellen erstarkten Moralbegriffe aufnahmen und
Freiheit für die Kunst und das Recht unabhängigen Dich-
tens und Denkens in Anspruch nahmen. Diese Bestrebungen haben nicht immer genügend innere Kraft gehabt, um
neue Werte zu schaffen und sind daher oft, wie das Schlag-
wort vom »Sich-ausleben-Müssen«, an der eigenen Maßlo-
sigkeit zusammengebrochen. Aber die echte Kunst hat
sich wie die Antike in ihrer natürlichen Unbefangenheit
siegreich behauptet und die Ueberzeugung zum Allgemein-
gut gemacht, daß, wie die Natur nie unsittlich ist, auch die
in die Formen der Kunst eingegangene Natur ihre Unschuld bewahrt und selbst in der Schilderung des Liebeslebens naiv wirken kann. Der Dekameron des Boccaccio ist
zu einem Meisterwerk der Weltliteratur geworden und die
Römischen Elegien Goethes mit ihrer erotischen Unge-
zwungenheit bezeichnen noch immer einen Höhepunkt
künstlerischen Schaffens. In Anwendung auf den vorliegenden Fall muß anerkannt werden, daß das Recht des Dichters
und Denkers und die Freiheit des Künstlers auch Schnitzler
zugebilligt werden muß.
Schnitzler nimmt in der modernen literarischen Bewegung
eine hervorragende Stellung ein. Mit scharfer Realistik weiß
er die intimsten Lebensvorgänge zu erfassen und als erfah-
rener Analytiker das menschliche Seelenleben zu beleuch-
ten. Durch seinen geistvollen Dialog, seine vornehme Sprache und durch leuchtende Gedankenblitze fesselt er das Interesse auch dann noch, wo der Gegenstand abstößt, und
durch die künstlerische Durchdringung der Form ist er
trotz mancher Gegnerschaft zum Vertreter einer literarischen Richtung von besonderer Eigenart geworden. Auch
sein Jugendwerk ›Reigen‹ verleugnet diese Eigenschaften
nicht.
[. . .]
Die Masse des Publikums ist nur für das Stoffliche emp-
fänglich, und mag auch das Gemeine durch die Form gebän-

digt sein, es bringt wenig Verständnis mit für den idealen
Kern, der sich hinter einem Werke birgt. So wird auch bei
dem ›Reigen‹ das nackte Sinnliche, um nicht zu sagen das
Pornographische die Menge in erster Linie anziehen. Vor
einigen Jahren wäre eine Aufführung des ›Reigen‹ auf einer
öffentlichen Bühne kaum denkbar gewesen und hat auch
der Dichter an eine solche Möglichkeit schwerlich gedacht.
Seither ist aber der Bann gebrochen worden und das Publikum bereits gewöhnt, auch das Aergste in sexuellen Fragen
über sich ergehen zu lassen. Wedekind hat sich mit seinen
scheußlichen Perversitäten die Bühne erobert, die Freuden-
häuser bilden das beliebteste Ausflugsziel moderner Büh-
nendichter und die Erotik im konkretesten physiologischen
Sinne ist das Kennzeichen moderner Dramatik geworden.
Ab und zu wurden schon früher dieser Geschmacksrichtung
Konzessionen gemacht, zum Beispiel in der ›Haubenlerche‹,
wo auf der Bühne ein Mädchen vergewaltigt wird. Das Publikum ist somit bereits abgestumpft und vorbereitet, auch
den ›Reigen‹, ohne besonders überrascht zu sein, entgegen-
zunehmen. Den Brutalitäten der verschiedenen Dramen gegenüber, die in den letzten Jahren über die Bretter gegangen
sind, wirkt übrigens der ›Reigen‹ mit seinen jedenfalls in gesunde Sinnesfreude getauchten gedämpften Farben wie ein
sanft verklingendes Adagio.
Wird dieses Bühnenwerk zugelassen, so wird ohne Zweifel
bei einem Teile der öffentlichen Meinung ein Entrü-
stungssturm losbrechen. Noch heftiger würden sich
aber diese Angriffe aus den weitesten Kreisen der in-
tellektuellen Welt erheben im Falle des Verbotes dieses
Stückes. Es wird dann heißen, daß die künstlerische Freiheit
geknebelt werden soll zu Gunsten einer heuchlerischen
Prüderie, daß es dem allgemein Menschlichen verwehrt
wird, in seiner eigenen Sprache natürlichen, wahrhaftigen
Empfindens zum Volke zu reden. Es handelt sich hier tatsächlich um den Kampf zweier Weltanschauungen,
um eine Stellungnahme in wichtigen kulturellen Fragen.

Nun erscheint es mir geradezu kleinlich, wenn die Zensur in diesen Kampf der Geister eingreift und, den Maßstab der bürgerlichen Moral anlegend, kurzerhand dem Dichter in die Arme fällt.«

[Gutachten des Zensurbeirates.] In: Arbeiter-Zeitung (Wien). 24. April 1921.

Der zutreffend den (zweiten) *Reigen*-Prozeß in Berlin rekonstruierende Bericht der Wiener *Arbeiter-Zeitung* vom 2. September 1951 betont die politische Bedeutung dieser Auseinandersetzung, denn in den Reihen derer, die den *Reigen* ›verfolgten‹, »grinste bereits die böswilligste Fratze einer bald bevorstehenden Zeit« (des Nationalsozialismus). Zum Glück sind wir über den Prozeß dank der Veröffentlichung des vollständigen Protokolls aller Verhandlungen durch den Rechtsanwalt Wolfgang Heine (Berlin 1922) gut unterrichtet. Wolfgang Heine und Justizrat Arthur Rosenberger waren die Verteidiger des Theaters gegen den Zensor Karl Brunner und dessen Gesinnungsgenossen. Vor Gericht stellte sich bald heraus, daß die empörten Zeugen, die am Stück und an der Aufführung Anstoß nahmen, sich offenbar abgesprochen hatten – es handelte sich um eine gelenkte Aktion. Diese Zeugen mißverstanden den Text, soweit sie ihn überhaupt kannten, glaubten obszöne Vorgänge auf der Bühne beobachtet zu haben, sie übertrugen oft ihre eigenen Phantasien auf das Geschehen jenseits der Rampe oder erschöpften sich in wiederkehrenden Phrasen. Einige unter ihnen trugen durch ihren Starrsinn und ihre Verranntheit zur Heiterkeit der Anwesenden bei – zum Beispiel der Buchhändler Ernst Lüttke. »Als hätte ein bedeutender Satiriker mit realistischer Kunst sie gestaltet«, bemerkt Schnitzler in einem Brief vom 7. Juli 1922 an den Theaterleiter Maximilian Sladek und fährt fort: Wenn man solchen Erscheinungen ins Auge geblickt habe, »kann man sich kaum mehr über jene Anderen wundern, in deren Seelen gleiche Gesinnung und gleiche Weltanschauung statt in lächerlichen Läppereien sich genug zu tun, zu Wahnwitz und Verbrechen sich steigern« (*Briefe 1913–1931*, S. 281).

Der Bericht der Wiener *Arbeiter-Zeitung*:

»Die Verfilmung von Schnitzlers ›Reigen‹, die jetzt auch in Wien zu sehen ist, erinnert in ihrer Vorgeschichte an mancherlei Zwischenfälle. Zur Zeit seiner Entstehung in der alten Monarchie, war die Aufführung des Schnitzlerschen Bühnenwerkes verboten, unmöglich. Vor dreißig Jahren führte sie in einer Reihe von Städten zu Theaterskandalen. In den Kammerspielen in Wien lösten Demonstranten die Wasserhydranten und versuchten das Theater unter Wasser zu setzen ... Als interessantestes Dokument aus jener Zeit liegt uns das stenographisch aufgenommene Protokoll des Prozesses vor, der gegen die Direktion des Kleinen Schauspielhauses in Berlin angestrengt wurde, das den ›Reigen‹ uraufgeführt hatte. Die Direktoren des Theaters, Maximilian Sladek und die große Schauspielerin Gertrud Eysoldt, sowie weitere elf Schauspieler hatten sich deshalb vor dem Richter zu verantworten: ›Durch unzüchtige Handlungen öffentlich Ärgernis gegeben zu haben‹ – das warf ihnen die Anklage vor.

Muckerparade

Aus dem dicken Prozeßbericht – der Prozeß dauerte sechs Tage – geht hervor, daß es sich um eine Aufführung handelte, in der alles Anstößige überaus gedämpft, allzu bedenkliche Stellen gestrichen wurden. Jene Stellen, die im Buch durch Gedankenstriche angedeutet sind, wurden durch einen Vorhang gelöst, der sich über den geschlechtlichen Akt senkte. Hiezu wurde immer wieder das gleiche kurze Walzermotiv in melancholischem es-Moll gespielt. Das hinderte nicht, daß von der in der Beweisaufnahme aufmarschierenden Muckerparade – Delegierte aller mögli-

chen Jungfrauenverbände, seelsorgerischen Missionen und
wichtigtuerischer Stammtische – die ärgsten Vorwürfe erhoben wurden. Da war ein Geheimrat, dessen Aufgabe nur
darin bestand, entarteten Theaterstücken nachzuforschen.
Auf die Frage, wann er sich das letzte ›anständige‹ Theaterstück angeschaut habe, konnte er sich nur dunkel an eine
›Hamlet‹-Aufführung vor vielen Jahren erinnern. Eine
Hauptmannsfrau bebte vor sittlicher Entrüstung über das
Jugendverderbnis der ›Reigen‹-Aufführung; als der Ge-
richtshof jedoch beschloß, sich die Aufführung in einer
Sondervorstellung vorführen zu lassen (am Sonntag, aber
erst nach dem Gottesdienst), da bat die Frau Hauptmann,
auch ihre beiden jungen Söhne mitnehmen zu dürfen.
Ein Pastor wollte, entgegen sämtlicher Zeugenaussagen, in
dem fast verdunkelten ersten Bild eine obszöne Handbewe-
gung eines Darstellers wahrgenommen haben. Andere Zeugen erklärten, dieser Darsteller – es war Fritz Kampers in
der Rolle des Soldaten – hätte seine Partnerin im Stehen
›pervers mit den Füßen umschlungen‹. ›Da wäre ich umge-
fallen!‹ verteidigte sich Kampers glaubwürdig. Jener kurzen
Zwischenmusik, die in Wahrheit schon als ›Valse noire‹ im
Jahre 1907 geschrieben worden war, wurde ein Rhythmus
unterschoben, ›der in unverkennbarer Weise die Bewegungen des Beischlafs andeute‹. Als ›die größte Entdeckung des
Jahrhunderts: der Einheitsrhythmus für den Beischlaf‹ be-
zeichnete ihn Direktor Sladek mit Galgenhumor.
Immerhin füllten die ›Ärgernisnehmer‹ zweihundert Vorstellungen: ein materieller Erfolg, zu dem der Dichter
Schnitzler allein dem Kleinen Schauspielhaus niemals ver-
holfen hätte.

Die Straße

Jenes Muckertum, das da in nicht endenwollender Reihe
vor der Zeugenbarriere aufzog, war aber nur der eine und
doch noch harmlosere Teil in der Schar der Widersacher. Da
waren aber auch jene Angehörigen der ›Deutschen Schutz-

und Trutzvereine‹, die daraus ein Politikum machten, sich vor und im Theater zusammenrotteten, Stinkbomben warfen, ›Deutschland erwache!‹ brüllten. Die, jenseits selbst des Anscheines einer kulturellen Auseinandersetzung, der Theaterdirektion anonyme Zuschriften sandten: ›Fetter Jude!‹, ›Hüte dich, Juda!‹, ›Galizische Sau!‹ Halbwüchsige traten in den Zeugenstand, denen die Art ihrer politischen Erziehung jeden geraden Gedanken und jeden geraden Satz verbogen hatte. Da nimmt ein Zweiundzwanzigjähriger daran Anstoß, daß ›jedesmal zwei Menschen zu ein und demselben Zweck versammelt sind‹; ein Deutscher Schutz- und Trutzbündler nimmt trutzig den Militärstand in Schutz: im vierten Bild hieße es, daß alle Kavallerieoffiziere ›bei dieser Gelegenheit weinen‹, weil sie vermutlich nicht ganz leistungsfähig sein dürften. In Wahrheit sei gerade bei diesem Bild der Vorhang zweimal heruntergegangen; das beweise doch das Gegenteil. Ein christlich-deutscher Regierungsrat entrüstet sich wieder gerade über die ›Verschleierungen‹, so etwa, daß der Graf bei der Schauspielerin nur den Degen ablegte, weiter nichts . . . Zwerchfellerschütternd ist die Aussage eines völkischen Buchhändlers, der keiner Partei angehören will: ›Ich komme neutral aus mir selbst, um aus dem Volke meine Meinung kundzutun . . . der wichtigste Punkt in bezug auf die Moral und das deutsche Volk ist, ob die Bettstellen ein dauerndes Asylrecht auf der Bühne haben sollen . . .‹

Hier grinst einen bereits die böswilligste Fratze einer bald bevorstehenden Zeit an: der biedere Biertischhüter der deutschen Sittlichkeit, der wohl nationalen Vereinen angehört, Juda bekämpft, den Mob auf der Straße mobil macht und ihm Theaterkarten verschafft, um die Vorstellung zu stören, dann aber einen peinlichen Trennungsstrich zwischen sich und allen antisemitischen Ausschreitungen zieht.

Das andere Deutschland

Aber da ist auch noch jenes andere Deutschland da, weniger bestrebt, gegen die ›völkische Entartung des deutschen Volkes‹ zu kämpfen, um so mehr jedoch bemüht, seine geistigen Werte zu erhalten und zu mehren: führende Schriftsteller, Regisseure und Theaterfachleute, die in sachlichen Ausführungen das Lächerliche der Anklage auseinandersetzen, Ausführungen, die, aus dem Augenblick geboren, heute noch jedem Kulturteil jeder Zeitung zur Ehre gereichen würden. Sie setzen das tiefe Ethos der Schnitzlerschen Dichtung auseinander, die geistlose Herabwürdigung eines naturhaften Triebes in einer seelisch verarmten Gesellschaft zeigt, und die im Schlußsatz des Grafen gipfelt: ›Es wär' doch schöner gewesen, wenn ich sie nur auf die Augen geküßt hätt'. . .‹ Das schöne Wort wird gesprochen: ›Der beste Schriftsteller ist vor dem schlechtesten Leser nicht sicher.‹ Der Regisseur Lind beanstandet an der ›Reigen‹-Aufführung, daß sie noch viel zu dezent gegeben wurde, das ›den Menschen ins Gesicht hätte gebrannt werden müssen‹. Und der Regisseur Heine lieferte hiezu den Vergleich: ›Man hat ein Schlüsselloch markiert und nicht daran gedacht, daß es immer Schlüssellochmoralisten gibt, die durchaus durch das Schlüsselloch sehen müssen . . .‹ Zum Schluß sei auch des tapferen Schlußwortes vor dem Urteil einer kleinen angeklagten Schauspielerin gedacht: ›Wenn in Deutschland eine Schauspielerin wie Frau Eysoldt wegen eines solchen Delikts ins Gefängnis kommt‹, erklärte die Angeklagte, ›dann wird es mir eine Ehre sein, mit ihr dorthin zu gehen!‹
Das andere Deutschland war damals noch stark genug, vor Muckertum und Straße nicht zurückzuschrecken und die Angeklagten freizusprechen. Zwölf Jahre später siegte die Straße.«

F. W.: Das markierte Schlüsselloch. Ein Prozeß um den *Reigen* vor dreißig Jahren. In: Arbeiter-Zeitung (Wien). 2. September 1951. Zit. nach: Hans-Ulrich Lindken: Arthur Schnitzler, Aspekte und Akzente: Materialien zu Leben und Werk. Bern / Frankfurt a. M. [u. a.]: Lang, 1984. S. 277–280.

Auszug des Gerichtsprotokolls der Zeugin OTTILIE VON
BRAUNSCHWEIG:

»*Zeugin:* Ich bin Vorsitzende der Kirchlich-sozialen Frau-
engruppe zur Hebung der Sittlichkeit, ich bin im Vor-
stand des Ausschusses der Vereinigten Berliner Vereine
für Fragen der Volkssittlichkeit und in vielen anderen
Vereinen, und ich weiß, daß in allen unseren Kreisen, ich
kann wohl sagen, in den Kreisen aller evangelischen
Frauenvereine eine große Entrüstung geherrscht hat, daß
ein solches Stück hier in Berlin aufgeführt werden
konnte. Mir sind von unseren Mitgliedern, die den Aufführungen beigewohnt haben, ausführliche Berichte zu-
gegangen, so daß ich über den Inhalt dieses Stückes wohl-
unterrichtet bin. Ich habe persönlich Anstoß genommen
an den großen Plakaten an den Litfaßsäulen. Ich habe gesehen, daß sich Jugendliche über die einzelnen Ueber-
schriften unterhielten: ›Der Soldat und die Dirne‹, ›Der
Graf und die Dirne‹ usw. Und da ich doch sehr viel mit
der Fürsorge für die Jugend zu tun habe in unseren Vereinen, so habe ich natürlich Anstoß daran genommen und
mir gesagt, nachdem ich auch von den Briefen, die an
uns geschrieben wurden, Kenntnis genommen hatte, daß
durch diese Aufführung in weiten Kreisen ein großer
Schade angerichtet werden könnte. Ich habe mich ge-
schämt, das muß ich ehrlich sagen, wie ich in München
angesprochen worden bin von vielen Leuten, auch von
solchen, die ein hohes Kunstverständnis haben, daß man
in Berlin dieses Stück aufführte. Man hat mich gefragt: Ja,
schämt man sich denn nicht in Berlin?! Daraufhin habe
ich mich verteidigt durch meine Unterschrift. Es hat mich
auch der Abgeordnete Mumm, der Generalsekretär des
Kirchlich-sozialen Verbandes, gebeten, bei den Protesten
an die Staatsanwaltschaft meine Unterschrift nicht zu versagen.
Vorsitzender: In welcher Weise haben Sie denn nun Anstoß

genommen? Sie haben selbst das Stück nicht gesehen, sind aber durch Berichte von anderen darauf hingewiesen worden, daß es sich um eine unzüchtige Handlung dreht, die auf der Bühne dargestellt wird?

Zeugin: Jawohl.

Vorsitzender: Darf ich um Aeußerung bitten, welche Handlungen als unzüchtig angesehen worden sind?

Zeugin: Das Ganze überhaupt. Ich möchte mich nicht auf Einzelheiten einlassen. Ueberhaupt an dem ganzen Hergang, an der ganzen Auffassung, an der ganzen Aufführung ist Anstoß genommen worden. Einzelne Szenen sind derartig, durch die ganze Aufmachung des Stückes, daß das sittliche und erotische Empfinden verletzt wird. Jedenfalls haben Mitglieder aller Frauenvereine ganz demonstrativ Anstoß genommen.

J.-R. Dr. Rosenberger: Sie haben das Stück nicht gesehen, aber die klischierte Anzeige an die Staatsanwaltschaft – hier ist sie –, die Sie mitunterschrieben haben, trägt den Wortlaut, daß die Unterzeichneten den Protest erheben, nachdem sie einer Aufführung des *Reigen* beigewohnt haben.

Vorsitzender: Haben Sie einen solchen mit Schreibmaschine geschriebenen Aufruf unterschrieben?

Zeugin: Ja.«

Zeugin O. v. B. Zit. nach: Wolfgang Heine (Hrsg.): Der Kampf um den *Reigen*. Vollständiger Bericht über die sechstägige Verhandlung gegen Direktion und Darsteller des Kleinen Schauspielhauses. Berlin: Rowohlt, 1922. S. 42 f.

Zeuge HEINRICH FLOHR:

»*Zeuge:* Die deutsche Frau wird im allgemeinen als Dirne bezeichnet, als ob es überhaupt in Deutschland keine anständige Frau mehr geben könnte. Und dann habe ich daran Anstoß genommen, daß das Stück auf die Jugend eine dermaßen demoralisierende Wirkung ausübt, es die-

sen vorgezeichneten Bildern gleich zu tun. Ich muß dieses
Stück vergleichen mit den sogenannten Aufklärungsfilms,
die wohl von vornherein gedacht waren, die Jugend auf-
zuklären, um sie zu bewahren, sie aber im Gegenteil
schließlich auf Abwege brachten, und dieses Theaterstück
übt die gleiche Wirkung auf die Jugend aus.

Vorsitzender: Haben Sie sich einem Protest angeschlossen?

Zeuge: Jawohl. Ich habe den Protest bei Wartemann, das ist
eine Buchhandlung in der Mauerstraße, vorgefunden. Er
lag da aus.

Vorsitzender: Haben Sie Rücksprache darüber genommen?

Zeuge: In der Buchhandlung ist über dieses Stück wiederholt gesprochen worden, und ich habe mich dem Protest
angeschlossen.

Vorsitzender: Sie haben den Protest vor oder nach dem Besuch der Aufführung unterschrieben?

Zeuge: Den Protest habe ich vor der Aufführung unter-
zeichnet.

Vorsitzender: Woher kannten Sie denn den Inhalt des Stük-
kes?

Zeuge: Vom Hörensagen.

Vorsitzender: Aus der eigenen Lektüre nicht?

Zeuge: Nein.

Vorsitzender: Daraufhin haben Sie sich das Stück angesehen?

Zeuge: Ja. Ich habe mich überzeugen wollen.

J.-R. Dr. Rosenberger: Erst haben Sie den Protest erhoben,
und dann haben Sie sich überzeugt?

Zeuge: Jawohl.

R.-A. Heine: Mit wem haben Sie darüber gesprochen, daß
der Eid besonders anstößig wäre? – Es ist auffallend, daß
eine ganze Reihe von Zeugen, gefragt nach dem Unzüch-
tigen, das sie beobachtet haben wollen, immer sagt: ›Der
Eid!‹ Nun kommt ein Eid gar nicht darin vor. Er ist auch
nie gespielt worden. Gesehen oder gehört können die

Zeugen das nicht haben; der eine aber will sogar gehört haben: ›Ich schwöre bei Gott dem Allmächtigen und Allwissenden‹ ... (Heiterkeit.) Daraus schließe ich mit ziemlicher Gewißheit, daß sich die Zeugen untereinander besprochen haben, daß einer dem andern gesagt hat: ›Das Anstößige ist der Eid!‹ – Und so kommt es, daß jener Herr ganz ahnungslos ist über den Inhalt des Stückes und sich erst durch den Herrn Staatsanwalt unterrichten lassen muß. Er sagt bloß: ›Der Eid.‹ Darum will ich den Zeugen fragen: ›Haben Sie mit irgend jemand vorher gesprochen, was nach Ihrer Meinung und nach der Meinung der anderen anstößig wäre?‹

Zeuge: Ich nicht.

R.-A. Heine: Mit niemand? Haben Sie nicht gewußt, daß auch andere Zeugen diesen ›Eid‹ für anstößig halten? Hat Ihnen jemand gesagt: ›Diesmal (bei der Sonntags-Aufführung) war der Eid nicht drin!‹?

Zeuge: Zu mir nicht.

R.-A. Heine: Zu jemand anders? Haben Sie es vielleicht irgendwo zugehört?

Zeuge: Auch nicht.

R.-A. Heine: Wie sind Sie denn auf den Eid gekommen?

Zeuge: Ich habe gesagt, der Text im allgemeinen wirkt anstößig. Es ist hier eine ganze Anzahl ausgelassen worden.

R.-A. Heine: Das ist ganz richtig. Aber es ist nichts zugesetzt worden.

Zeuge (schreit R.-A. Heine an): Es ist ausgestrichen worden! (Er deutet auf das Buch in seiner Hand.)

R.-A. Heine (sehr ruhig): Darüber sind wir uns ganz einig. Das hat Herr Direktor Sladek selber angegeben, daß er es gestrichen hat ...

Zeuge (schreit R.-A. Heine an): Ich bin mir des Eides bewußt und sage ...

Vorsitzender (unterbrechend): Sie haben damals den Eid gehört, und das hat Sie verletzt?

Zeuge: Jawohl!

R.-A. Heine: Hat Ihr religiöses Gefühl an dieser Stelle Anstoß genommen?

Zeuge: Die Moral hat mich angewidert. Das ist eine Sauerei,
daß solch ein Stück unseren deutschen Frauen und jungen
Mädchen und der Jugend vorgeführt werden kann!

R.-A. Heine: Ich fragte nach dem Eid.

Zeuge (schreit): Das ist aus meiner eigenen Erinnerung!

R.-A. Heine: Dann bitte ich, Herrn Schwanneke zu hören, der in der Szene zwischen Junger Frau und Ehemann
den Gatten gespielt hat, und den Herrn, der den Jungen
Herrn gespielt hat (Herr Tillo), ob die Möglichkeit gegeben ist, daß sie jemals einen solchen Zusatz gemacht
haben.

Angeklagter Schwanneke: Ich habe nie einen derartigen Zusatz gemacht. Von ›Gott‹ habe ich überhaupt nichts zu sagen, sondern nur: ›Versprich mir etwas, Emma. (Nun?)
Daß du nie mit einer Frau verkehren wirst, bei der du
auch den leisesten Verdacht hast, daß sie kein ganz tadel-
loses Leben führt.‹ Das ist eine ›Pointe‹, und die bringt
man ganz genau, jedesmal, weil sonst die Wirkung fehlt.

Angeklagter Tillo: Auch in meiner Szene ist nie ein Wort
hinzugefügt worden. Ich habe zu sagen: ›Ich schwöre.‹
Aber ich habe kein Wort zugesetzt. Das muß eine Ver-
wechslung sein.

Zeuge: Es ist möglich, daß ich es verwechsle.

R.-A. Heine: Und die Fortsetzung ist, daß der Junge Mann
der Frau dann doch nicht die Wahrheit sagt. Das soll die
Verlogenheit der dargestellten Figur charakterisieren. –
Ich beantrage ferner, den Inspizienten Friedländer, der
hier ist, noch heute zu vernehmen. Der steht immer mit
dem Buche dabei und verfolgt genau Stelle für Stelle; er
wird bekunden, daß keinerlei Zusätze gemacht worden
sind. Niemals.«

Zeuge H. F., Fabrikant. Zit. nach: Ebd. S. 122–124.

Zeuge ERNST LÜTTKE:

»*Vorsitzender* (unterbrechend): Ich kann nicht stundenlange
Ausführungen von Ihnen hören. Deshalb muß ich Sie
darauf hinweisen, was das Gericht von Ihnen wissen will.
Wir wollen von Ihnen geschildert haben, welchen Eindruck die Aufführung auf Sie gemacht hat.

Zeuge: Ich kann nur sagen, daß die Künstler an und für sich
ihren Beruf erfüllt haben, und daß ich von ihnen nichts
Unangenehmes bemerkt habe, daß aber das Stück an und
für sich einen gemeinen Eindruck auf mich gemacht hat,
ich meine in der Wirkung, und wenn ich als Buchhändler
– sagte ich mir – ein Buch als Arrangeur dieser Angelegenheit verkaufen würde, stände ich mit einem Fuße im
Gefängnis, wenn ich derartige Sachen auf die Bühne, vor
das deutsche Volk bringen wollte, wo sich jeder auf der
Straße ein Billett lösen und den Theaterraum besichtigen
kann. Es ist ja öffentlich für jedermann, denn der Ge-
burtsschein wird am Eingang nicht abverlangt. Deshalb
ist es unangenehm und schädigend für die allgemeine
Volksmoral. Derartige Sachen sind ja jetzt modern. Wir
haben ja jetzt auch die Mode der kurzen Röcke usw.
(Heiterkeit). Ich bin durchaus kein Freund von Traurig-
keit und dergleichen. Aber es gibt eine Grenze, und diese
gewisse Grenze ist meines Erachtens hier überschritten,
und das Wort von Kunst, wenn das mit Kunst begründet
wird, die das rechtfertigt, so gebe ich auf diese Auslegung
von Kunst nicht viel. Ich halte es vielfach für einen Bluff;
denn die Begriffe über Kunst gehen heute sehr auseinander. Was einer für Unsinn hält, hält ein anderer für große
Kunst. Der eine hält die Form eines zusammengelaufe-
nen Käses für eine große Kunstschöpfung (große Heiterkeit) und der andere für großen Blödsinn. Es gibt da gewisse Maßstäbe, und zu diesen Maßstäben hat für mich
als normalen Menschen die Anhäufung von Bettstellen,
dieses Bettstellenkarussell, gehört. (Erneute Heiterkeit.)

Das gehört nicht vor die Oeffentlichkeit, das müßte dem deutschen Volke bekanntgemacht werden. Es steht vieles in der Presse. Dann wird beim Leser der falsche Eindruck erweckt, als handle es sich um ein Theaterstück, wo gewisse Pikanterien gezeigt werden. Diese sind an und für sich berechtigt, ebenso gewisse leichte Scherze. Da sagt jeder: Das ist in der modernen Zeit so. Aber diese kolossale Anhäufung von Bettstellen wirkt auf die breiten Massen und das allgemeine Volksempfinden unangenehm. (Heiterkeit.) Ich stehe täglich hinter dem Ladentisch und habe vielfach Gespräche mit meiner Kundschaft, älteren Leuten aus allen Volkskreisen, und habe gefunden, daß allgemein diese Sachen, wie die ›Büchse der Pandora‹, die ich nicht gesehen habe, von ernsten Müttern und Familienvätern ungern gesehen werden. Man betrachtet sie allgemein als eine Schweinerei, als Gemeinheit. Die Künstler selbst sind sich freilich der Sache nicht bewußt, sie betrachten es als eine Aufgabe.

Vorsitzender: Ich möchte folgendes von Ihnen hören. Sie sprachen von einer Anhäufung von Bettstellen. Vielleicht lassen Sie sich einmal näher darüber aus, woran Sie im einzelnen Anstoß genommen haben.

Zeuge: Sehr gern. (Heiterkeit.) Es ist natürlich ziemlich lange her. Ich meine, man hätte hier die Leute aus allen Schichten des Volkes laden sollen, um ihre Ansichten zu hören.

Vorsitzender: Wir wollen nicht Ihre Ansicht hören, wie es hätte gemacht werden sollen.

Zeuge: Das nebenbei. (Heiterkeit.)

Vorsitzender: Was Sie nebenbei sagen, interessiert uns nicht. (Heiterkeit.) Sie sollen erzählen, was Sie beobachtet haben.

Zeuge: Das Ganze besteht aus zehn Aufzügen. Bei jedem Aufzug steht eine Bettstelle auf der Bühne (Heiterkeit), und meist liegt eine lebende Person darin. Da ist z. B. der erste Aufzug mit der Dirne und dem Soldaten.

Vorsitzender: Da ist, soviel ich weiß, aber keine Bettstelle
dagewesen.

Zeuge: Dann ist es eben ein Ausnahmefall, sonst sind überall Bettstellen da. Also dieser Aufzug, wo ausnahmsweise
vielleicht eine Bettstelle nicht vorhanden war, hat auf
mich einen sehr unangenehmen Eindruck gemacht, indem
ich mir sagte: Das ist außerordentlich anstößig, ich meine
nur die Bettstellenakte. In der Mehrzahl der Akte sind
doch Bettstellen auf der Bühne. Das wirkt sehr unangenehm. Ich bin der Ansicht, Bettstellen in dieser demon-
strativen Form gehören nicht auf die Bühne. (Heiterkeit.)
Da ist z. B. ein Akt, auf den ich mich speziell besinne. Da
steht auf der Bühne, in der Mitte des Zimmers, eine Bettstelle. In dieser Bettstelle liegt eine Dame, und es kommt,
wenn ich nicht irre, eine Dienerin und meldet den Besuch
eines Herrn. Der Herr erscheint, und zwar in Uniform.

Vorsitzender: Sie meinen das neunte Bild: ›Schauspielerin
und Graf‹?

Zeuge: Ja. Es öffnet sich die Tür, und es kommt ein Offizier
in österreichischer Uniform. Allgemeine Begrüßung. Der
Herr setzt sich auf den Sessel und spricht im Wiener Dialekt. Die Dame lockt ihn zu sich heran. In dem allgemeinen Gespräche versteht das der Herr wohl nicht; er ist
naiv veranlagt und spricht von Pferden. (Heiterkeit.) Da
sagt die Dame: ›Komm weiter heran.‹ Kurz und gut, diese
Annäherung geschieht bis auf den Bettstellenrand. Da
sitzt nun dieser Herr auf dem Bettstellenrand, und die
Dame selbst hat – das will Schnitzler wahrscheinlich in
seinem Stück andeuten – geschlechtliche Begierden; sie
soll gebraucht werden, anders kann ich es nicht auffassen.
In diesem Gespräch von seiten der Dame zielen natürlich
alle Wendungen auf diese Anlockung, das Einzelne und
das Allgemeine. Das Publikum versteht die Sache nicht
anders. Der Herr spricht im Wiener Dialekt von Pferden,
von seinem Regiment, von der Parade [Fußn.: Zeuge
sucht den Wiener Dialekt des Darstellers zu kopieren].

Kurz und gut, schließlich scheint das Eis zu tauen, und er wird etwas wärmer, und in dem Moment, wo er wärmer wird, senkt sich der Vorhang (Heiterkeit), wahrscheinlich von der Theaterleitung aus.

Vorsitzender: Ich bitte um Ruhe im Zuschauerraum. Aeußerungen des Spaßes oder des Scherzes sind zu unterlassen, sonst muß ich den Zuschauerraum räumen lassen. Sie müssen sich soweit in der Gewalt haben.

Zeuge: Ich muß immer wieder sagen: Die Herren Künstler und die Damen der Künstlerwelt tun mir leid; denn sie haben wohl nicht die Absicht gehabt, etwas erotisch Ausgesprochenes vorzuführen, die Theaterleitung hat sie angewiesen. Meines Erachtens trifft die Theaterleitung die Schuld, die Künstler sind unschuldig, sie leben sich in ihre Rolle hinein und wollen ihr Bestes geben. Kurz und gut, der Vorhang senkt sich, um anzudeuten, daß der Geschlechtsakt vor sich geht. Ein anderer Sinn kann nicht darin liegen. Der Vorhang hebt sich wieder, und wenn ich nicht irre, ergreift der Offizier die Mütze und verläßt das Zimmer, und da ist es wohl so gewesen, daß die Dame ihn um einen anderweitigen Besuch an demselben Tage bittet, und darauf sagt der Herr: er hätte keine Zeit, er müsse sich um seine Pferde bekümmern, im Wiener Dialekt. Kurz und gut, da geht eine erschütternde Lachsalve los, und sie sagt: ›Greis!‹ Wie das aufgefaßt werden soll, kann sich jeder denken. Nun, ich will den Künstlern keinen Vorwurf machen, es liegt in der Rolle. Wir müssen uns aber auf den Standpunkt stellen: Wie wirkt es auf das Publikum, auf den Familienvater, nicht auf die sogenannten Künstler und Sachverständigen. Ich will mich nicht in eine Beleuchtung setzen, aber –

Vorsitzender: Sie sollen sich nicht in eine Beleuchtung setzen, Sie sollen als Zeuge aussagen.

Zeuge: Ich meine, auf dem Gebiete ist jeder Sachverständiger, jeder ältere Mann, und das ganze deutsche Volk muß dabei berücksichtigt werden; wie denkt das deutsche Volk

darüber, nicht wie ausgesiebte Sachverständige nachher
bestrebt sind, die Sache hinzustellen; wie denkt die deutsche Mutter, der deutsche Vater, die deutsche Familien-
mutter, die Kinder hat, die Kinder mit Mühe und Not
aufzieht, darüber.

R.-A. Heine: Ist das noch eine Zeugenaussage oder ein dem
Herrn Staatsanwalt vorweggenommenes Plaidoyer?

Vorsitzender: Der Zeuge will die Eindrücke schildern, die er
als Familienvater hat.

Zeuge: Wenn jemand Anstoß nimmt, wenn ich das allgemeine Volksempfinden ausspreche, tut es mir leid.

Vorsitzender: Es braucht Ihnen nicht leid zu tun; solange
ich Sie nicht unterbreche, können Sie ruhig reden.

Zeuge: Das sind meines Erachtens die wichtigen Momente,
und der wichtigste Punkt in bezug auf die Moral und das
deutsche Volk ist, ob die Bettstellen ein dauerndes Asylrecht auf der Bühne haben sollen. (Heiterkeit.) [...]
Als ich zu der Vorstellung ging und mir ein Billett be-
sorgte, sah ich einen starken Andrang, und zwar hatte ich
das Gefühl, daß man allgemein annahm, das Stück könnte
bald verboten werden und natürlich mit Recht, trotzdem
ich kein Feind von irgendeiner Pikanterie bin. Ich gehöre
keinem Jungfrauenverein und keinem politischen Verein
an. (Große Heiterkeit.) Das scheidet für mich aus. Ich
komme neutral aus mir selbst, um aus dem Volke meine
Meinung kundzutun.

Vorsitzender: Sie sind als Zeuge geladen und werden als solcher vernommen.

Zeuge: Schön. An der Kasse merkte ich, daß die Leute in
Hast hinkamen; sie waren der Meinung, die Billette könnten bald ausverkauft sein. Die billigeren Plätze waren
im Handumdrehen vergriffen. Ich hatte 14 Mark für das
Billett bezahlt, und ich hatte das Gefühl, daß die meisten,
die höhere Plätze zahlten, es taten in der Annahme, das
Stück würde bald verboten. Es war in der Zeitung viel zu
lesen. Darauf sind diese kolossalen ausverkauften Häuser

gewesen. Wenn ich monatelang in der Kantstraße, unter dem Stadtbahnbogen, die Plakate las: ›Reigen‹, mußte ich immer an die vielen Bettstellen denken (Heiterkeit) und mir sagen: Wie ist es möglich, daß in Deutschland derartige Sachen weiter aufgeführt werden?«

Zeuge E. L., Buchhändler. Zit. nach: Ebd. S. 235–239.

Auszug aus dem Plädoyer des Verteidigers Dr. Wolfgang Heine:

»Zunächst sind alle Beteiligten einig, daß der Dialog von einer unerhörten Grazie ist. Herr Professor Köster sprach von der leichten, nicht leichtfertigen Künstlerhand des Autors. Schon im Buche sind die Worte stark abgetönt; durch eine Anzahl Streichungen bei der Aufführung sind sie noch viel mehr abgeschwächt. Nichts ist darin, was in der Form roh oder anstößig wäre, was in derber Weise den Geschlechtsakt erwähnte. Alles ist zart umschrieben, umhüllt. Eine Anzahl Zeugen hat gesagt, gerade dadurch werde das Stück doppelt gefährlich. Darin liegt nun der Fehler, den nicht nur diese juristisch ungebildeten Zeugen, sondern auch andere begehen, daß sie nämlich sagen: ›Weil die Wirkung des Stücks nach unserer Meinung unsittlich sein könnte, so ist die Aufführung eine unzüchtige Handlung.‹ Das ist im Grunde auch die Auffassung des Herrn Staatsanwalts, wenn er sie auch ein bißchen anders einkleidet. Diese Ansicht ist falsch. Nicht die Folgerungen, die aus den gesprochenen Worten als Moral oder Wirkung sich ergeben könnten, sondern das Wort selbst oder die Gebärde, die Geste, kurz das, was auf der Bühne vorgeht, muß unzüchtig an sich sein.

Nun ist auch in den Handlungen, die die Schauspieler vornehmen, in ihren Bewegungen und Gesten nichts dergleichen zu finden. Ich kann mich auf das beschränken, was die sämtlich wirklich dazu qualifizierten Zeugen und Sachver-

ständigen gesagt haben; denn wenn ein Zeuge sagt, er habe
Aergernis genommen und halte für unzüchtig den Um-
stand, daß ein Bild der Mutter Gottes in dem Schlafzimmer
stehe, so fällt das unter keinen Umständen unter § 183.
Ebenso, wenn andere Zeugen an dem Gebet Anstoß nehmen. Wenn dann ein anderer Zeuge sagt: ›Ich sehe eine unzüchtige Handlung darin, daß der Graf den Degen ab-
schnallt‹, und wieder ein anderer die unzüchtige Handlung
darin erblickt, daß der Graf zuerst das Käppi ablegt und
dann den Degen, so sind das unverständliche Angaben, die
beweisen, daß die Zeugen überhaupt keine Ahnung haben, worauf es ankommt, und daß sie für ein (vermutlich
ihnen suggeriertes) allgemeines Mißbehagen sich nachträglich künstlich Begründungen zurechtlegen. Beinahe zynisch
finde ich schon den Zeugen, der Anstoß genommen hat an
den Worten ›Kellner, zahlen!‹, und der dabei gedacht haben
will, daß der Herr das junge Mädel bezahlen wolle. Ich
kann nur wieder sagen: das zeugt von einer grundverderb-
ten Phantasie; denn der Kellner bezahlt doch nicht das
Mädchen, der Kellner soll überhaupt nicht zahlen, sondern
der Herr will dem Kellner den Wein bezahlen, der getrun-
ken worden ist. Wer hieraus eine unzüchtige Beziehung
heraushört, auf den paßt allerdings nicht das Wort, daß dem
Reinen alles rein ist.

Nicht sauberer ist die Phantasie der Leute, die unzüchtige
Bewegungen der Schauspieler an ihren Kleidern bemerkt
haben wollen. Ich erinnere an das, was Herr v. Putlitz heute
gesagt hat. Der Schauspieler muß sich auf der Bühne bewegen. Diese Bewegungen sind mit einer Harmlosigkeit und
Diskretion gemacht worden, die nicht übertroffen werden
kann. Für jeden, der Soldat war, ist es eine ganz selbstver-
ständliche Bewegung, wenn der Soldat, mag er nach der Kaserne oder in den Ballsaal gehen, sich sein Koppel zurecht-
rückt. Das ist eine regelmäßige charakteristische Bewegung
jedes Soldaten. Durch sie zeigt man sich als Soldat, aber
nicht als ein Mensch, der eben den Beischlaf vollzogen hat.

Oder wenn dieses kleine, lüsterne und eitle Dienstmädchen
an ihren Löckchen herummacht, sich in ihrer Küche pudert,
bevor es zu dem jungen Herrn hineingeht, so benimmt sie
sich eben wie eitle und kokette Mädchen aller Stände; aber
unmöglich kann man darin einen Hinweis auf einen geschlechtlichen Verkehr sehen. Nur eine verderbte Phantasie
und eine ganz einseitige Einstellung ist dazu imstande.
Der Herr Staatsanwalt deduziert so: Die Aufführung des
Stückes ist eine Handlung. Diese Handlung umfaßt das
Ganze, auch das, was hinter der Szene vor sich geht. Gegenstand dieser Handlung ist, daß zwar nicht auf der Szene,
aber hinter der Szene der Beischlaf ausgeübt wird, und infolgedessen ist die Aufführung dieses Stückes, weil es in
ihm zum Beischlaf kommt, eine unzüchtige Handlung im
Sinne des § 183. Hier macht es der Herr Staatsanwalt wie
der Jongleur, der auf dem Seile steht und mehrere bunte
Kugeln in Händen hat. Er wirft sie hoch und fängt sie wieder auf und man kann nie sehen, ob er die blaue, rote oder
grüne in der Hand hat, so schnell flattert das durcheinander.
Der Herr Staatsanwalt vertauscht hier auch die Begriffe
miteinander. Das Wort ›Handlung‹ hat einen verschiedenen
Sinn. Die Handlung des Stückes ist – darüber will ich nicht
im geringsten streiten – die zehnmalige Wiederholung des
Geschlechtsverkehrs zwischen verschiedenen Paaren. Ich
leugne nicht, daß das im Mittelpunkt jedes Bildes steht. Das
Vorher, das Entstehen dieses Vorgangs und das nachherige
Verhalten der Handelnden, abgeleitet aus den Persönlich-
keiten und den Umständen, ist der Inhalt des Stückes. Das
also ist die Handlung des Stückes. Aber die Handlung der
Schauspieler, die sich auf der Bühne vollzieht, ist, wie sie
selbst sichtbar handeln [. . .].«

Verteidiger Dr. W. H. Zit. nach: Ebd. S. 390 f.

Den Aufruf in der *Weltbühne* 1921 zum Protest gegen Professor Karl Brunner, den Drahtzieher des Berliner *Reigen*-
Skandals, und einen Nachruf auf Schnitzler im November

1931 nutzte der aus Wien stammende feinsinnige Theaterkritiker ALFRED POLGAR, um auf seine Weise den »Theaterdichter« zu charakterisieren – als einen Fremdling in einer
»von Panik ergriffenen Welt«, als seien die ›Tonarten‹
Schnitzlers in der Nachkriegszeit der Weimarer und der ersten österreichischen Republik ein ›altes Spiel‹ aus längst
verklungener Zeit. Über diese oft viel gröber formulierte
Unterstellung, sein Werk gehöre der Vergangenheit an,
mußte sich Schnitzler in den zwanziger Jahren oft ärgern.
Hier sollte das Argument ihn in Schutz nehmen.

»Ich bin der Überzeugung, daß bei Aufführungen wie ›Reigen‹, bei Publikationen wie ›Venuswagen‹ und dergleichen
selbstverständlich die sexuelle Reizung des Hörers oder Le-
sers ins Kalkül gezogen wird. Solche Stücke werden gespielt
und solche Bücher werden gedruckt, weil sie geeignet sind,
ein Publikum sinnlich aufzuregen, und in dieser Eignung
liegt sowohl ihr wesentlichster Reiz wie ihr kommerzieller
Wert. Nun ist natürlich dagegen gar nichts einzuwenden,
und ich bin durchaus für Kunst, bei deren Genuß man eine
Erektion hat. Nur soll man nicht sagen, daß man diese um
jener willen (seufzend) in den Kauf nimmt, sondern zuge-
ben, daß es umgekehrt ist. Man dürfte nicht heucheln: Wir
sind weit entfernt, etwa in ›Reigen‹ ein Produkt zu erblik-
ken, geeignet, auf die Genitalien zu wirken – sondern man
sollte das Recht des Schriftstellers behaupten, sein Publikum, wenns ihm paßt, zur Sinnlichkeit zu verführen, sofern
nur er dies auf graziöse oder witzige oder sonstwie geistig
Niveau haltende Art zu tun vermag. Wenn ich von den
ethisch-melancholischen Fundamentalabsichten des ›Reigen‹ höre oder von der keuschen Kunst-Intuition der ›Sepa-
ratdrucke‹, geht mir das Brechen an.«

A. P.: Gutachten über Brunner (VI). In: Die Welt-
bühne. 22. Dezember 1921. Nachdr. Königstein
i. Ts.: Athenäum, 1978. S. 625 f. Wiederabdr. in:
A. P.: Kleine Schriften. Hrsg. von Marcel Reich-
Ranicki. Bd. 4. S. 26. – © 1983 Rowohlt Verlag
GmbH, Reinbek.

»Er hatte als Dramatiker eine so sichere wie weiche Hand. Die volle Plastik gelang ihm weniger gut, als das formen-zarte Relief.

Er war ein romantischer Skeptiker. In seinen Dramen wer-den die Versuche, des eignen Schicksals Schmied zu sein, als ohnmächtig, die schrullenhafte Ordnung, in der das irdische Geschehen abrollt, als undurchschaubar erkannt, und über Tod und Leben, Größe und Kleinheit, Wollen und Können das Zeichen eines wehmütig fatalistischen Lächelns gesetzt.

*

Auch das Bittere und Böse in seinen Stücken ist unroh dar-gestellt. Auch wo Anklage erhoben wird, geschieht dies mit dem merkbaren Vorbehalt, daß der Kreatur, schon weil sie dies ist, mildernde Umstände zuzubilligen sind. Selbst das Tragische bei Schnitzler hat eine Art von Sanftheit. Lang-sam öffnet sich die Hand der Nacht und läßt das Finstre frei. Das Unheil kommt auf Zehenspitzen.
In den Dramen dieses Wieners scheint das Schwarze noch wie konzentriertestes Blau.

*

Schnitzlers Theaterfiguren haben Neigung, in sich selbst zu schauen, aus Kellern ihres Bewußtseins Versenktes ans Ta-geslicht zu fördern. (Ich schrieb einmal respektlos, er führe seine Figuren ›innerln‹.) Es sind geistgepflegte Menschen, fein und verhalten, die auf gepflegten Lebenspfaden lust-oder trauerwandeln. Ihr Verhängnis ist, daß sie, was sie tun, zu spät oder zu früh tun. So ist überhaupt das Leben im Schnitzlerschen Spiegel: nichts kommt rechtzeitig, aber ge-wiß kommt der Tod. Und vor ihm die große Einsamkeit.

*

Zwischen den Lebenden fließt ein Dunkles, sie reichen dar-über hin die Hand, aber kaum ihre Fingerspitzen berühren einander. Wie ein Kunstläufer zieht das Schicksal gewagte Kurven, die sich schön und sinnvoll ineinander schlingen,

Beziehungen verschwinden spurlos, wirken unterirdisch weiter, tauchen überraschend wieder ans Tageslicht, Parallelen gehen lange nebeneinander, bis sie erkennen, daß sie sich erst in der Unendlichkeit schneiden, Sieger werden besiegt, festeste Bindungen reißen, zarte erweisen sich stark wie Eisenketten.

In Schnitzlers dichterischem Charakter verschmelzen Heiterkeit des Herzens und Melancholie des Geistes. Er war mißtrauisch gegen diesen. Den Boden seines Werks decken welke Blätter vom Baum der Erkenntnis. Er verwertete ihr Rascheln musikalisch.

*

In der wienerisch weichen Luft seiner Bühnenspiele hat noch die Satire Gemüt, die Langeweile Anmut, die Gleichgültigkeit Kultur; und alle Oberfläche eine Opalfarbe, die verhehlt, ob die Stelle seicht ist oder tief.

*

Auffallend, wie häufig in seinen Theaterstücken das Präsens vom Perfektum erschlagen wird, ein gewesenes Drama ins Gegenwärtige hineinspielt, wie oft Gespenster erscheinen, – ›revenants‹ sagt präziser die französische Sprache –, um die Lebenden zu verwirren. Ibsen in Wienerwaldes Luft. Immer scheint Schnitzler bemüht, die eherne Folgerichtigkeit alles Geschehens, als weltanschaulichen Grundgedanken, zur Geltung zu bringen. ›Man muß die Zusammenhänge begreifen‹ meint, im ›Ruf des Lebens‹, Leutnant Max.

*

Fast jede seiner dramatischen (und auch epischen) Arbeiten rührt an das Problem des Todes. Das ist, unter anderm, auch ein Kunstmittel: im Licht der untergehenden Sonne werfen selbst kleine Dinge große Schatten.

*

Schnitzlers berühmte Verszeile ›Wir spielen alle, wer es weiß, ist klug‹ gibt den Extrakt seines Weltgefühls. Auch was Wahrheit heißt, galt ihm nur als fragwürdiger Sinn, solchem Spiel – einem Vernunft-Bedürfnis folgend – unterlegt, ohne daß es dadurch andres würde als Spiel; ein Spiel, in dem der Masken mehr sind als der Gesichter, der leidenschaftlichen Gebärden mehr als der Leidenschaften, und in dem die Spieler mehr Blut und Geist fatieren, als sie haben.

Er blickte auf das Leben heiter, weil es immerzu wieder aus dem Tod entspringt, und mit Resignation, weil es immerzu wieder in den Tod mündet. Er betrachtete die Welt liebevoll und gestaltete liebevoll, was er sah. Aber als sie ins Wanken kam, kamen schlechte Zeiten für geruh- und empfindsame Betrachter, und im Angst- und Wutgeschrei einer von Panik ergriffenen Welt verhallte das Wort des Dichters, der, trotzdem die Konjunktur so dringend dazu riet, nicht aufhören mochte, einer zu sein.«

A. P.: Der Theaterdichter Schnitzler. In: Die Weltbühne. 3. November 1931. Nachdr. Königstein i. Ts.: Athenäum, 1978. S. 679 f. Wiederabdr. in: Ebd. S. 26–29. – © 1983 Rowohlt Verlag GmbH, Reinbek.

3. Spätere Aufführungen

Ein halbes Jahr nach dem *Reigen*-Prozeß erlaubte Schnitzler, der seit je an der Bühnentauglichkeit seiner Schöpfung gezweifelt hatte, keine weiteren Aufführungen seines offenbar verfänglichen Stücks, um den Text und die jeweiligen Theaterleute vor den entwürdigenden Anwürfen des antisemitischen Mobs zu schützen. Einzelne, meist geschlossene Vorstellungen fanden noch im Ausland statt, 1923 etwa in Paris – auch da und dort entging der *Reigen* selten der Beschuldigung, es handle sich um »Bordelldramatik«. Eine Kabarettparodie *Reigen 53* trug einem Wiener Ensemble eine Klage wegen Urheberrechtsverletzung ein.

Erst zum 1. Januar 1982 hob der Sohn des Dichters, Hein-

rich Schnitzler, dieses Inszenierungsverbot auf. In München
und Basel wurde das Stück daraufhin erneut auf den Spielplan gesetzt.

Der Spiegel zur *Reigen*-Parodie:

»Kaum in München angekommen, eilte der jugendliche Direktor des Wiener ›Kleinen Theaters‹, Michael Kehlmann,
25, zu Film- und Theateranwalt Dr. Wolf Schwarz. Es galt,
eine gerichtliche einstweilige Verfügung aufzufangen, die
ein in 10 000 km Entfernung (Los Angeles) lebender Mann
gegen das 14-Mann-Ensemble erwirken wollte.
Der Mann in Los Angeles heißt Henry Schnitzler, ist der
Sohn und – laut Testament vom 8. März 1929 – Alleinerbe
des verstorbenen fin du siècle-Poeten Arthur Schnitzler.
Kehlmann dagegen ist – als Mitglied eines in Wien durch regelmäßige Rundfunksendungen (›Brettl vor dem Kopf‹) be-
kannten Kabarett-Quartetts – der Mitautor und Regisseur
einer Theaterparodie ›Reigen 53‹, die sich schon im Titel an
Schnitzlers Werk anlehnt.
Nachdem der ›Reigen 53‹ Kehlmanns ›Kleines Theater‹ wo-
chenlang gefüllt hatte, ließ Henry Schnitzler zusammen mit
dem Frankfurter S. Fischer Verlag eine Klage wegen Urheberrechtsverletzung los. Sein Anwalt behauptete, daß die
Titelverwendung zu Verwechslungen führen könne und daß
sich Form und Inhalt des Ur-Reigens mit der Wiener Kaba-
rett-Nachschöpfung weitgehend deckten. Der ›Reigen 53‹
sei nichts anderes ›als eine Art Übersetzung des Original-
textes in die Sprache und das Milieu der Gegenwart‹.
Professor Eduard Castle, der vom Gericht bestellte Sachverständige, bestätigte, daß beide Werke ›zehn Duo-Szenen
zwischen Mann und Frau bieten, die in der Weise miteinander verzahnt sind, daß jedesmal ein Partner der vorherge-
henden Szene mit einem neuen Partner anderen Ge-
schlechts in der nächsten Szene auftritt und die Dirne der
ersten Szene auch in der letzten wieder erscheint‹.

Aus Schnitzlers k. u. k.-Soldat wurde in der Parodie ein Berufsringer, aus dem jungen Herrn, mit dem Daniel Gélin in Max Ophüls' Film-›Reigen‹ seine große Karriere begann, ein schwarzhandelnder Wiener Bundesrat. Die junge Frau, bei Ophüls die Darrieux, wurde zum Mannequin degradiert, der Graf (im Film Gérard Philipe) sank gleich um mehrere Klassen herab und wurde zweigespalten: einmal in einen Radiotechniker, zum anderen in einen Ritterkreuzträger.

Nach diesem Ausflug in die vergleichende Wissenschaft treibt der sachverständige Professor ein wenig literarische Ahnenforschung. Er konstatiert die Abstammung des Schnitzlerschen ›Reigens‹ von Pariser Werken, wie Jeanne Marnis ›Wie sie sich hingeben‹ und Lavedans ›Das Bett‹.

In Professor Castles Gutachten heißt es: ›An eine Bühnendarstellung dieser freien, um nicht zu sagen frechen Szenen war unter der Herrschaft der (Wiener) Theaterzensur nicht zu denken, und daher erschien das im Winter 1896–97 geschriebene Werk zunächst nur als Buch. Es hatte einen großen Publikumserfolg, so daß der Wiener Verlag bereits 1903 die 19. Auflage verlegen konnte. Die Aufführungsmöglichkeit bot sich erst nach der Aufhebung der Theaterzensur infolge des politischen Umsturzes von 1918 . . .

Das Stück erschien am 1. Februar 1921 in den damaligen Kammerspielen des Deutschen Volkstheaters . . . Ein Teil des moralisch entrüsteten Publikums protestierte, es wurde sogar eine Stinkbombe geworfen und eine parlamentarische Interpellation eingebracht, worauf die Direktion das Stück vom Spielplan absetzte. Vermutlich nach diesem Theaterskandal hat Schnitzler mit dem S. Fischer Verlag abgemacht, daß kein Aufführungsrecht mehr erteilt werden soll.‹

Dieses Aufführungsverbot wurde nicht immer eingehalten. Als Max Ophüls den ›Reigen‹ 1950 verfilmte, vergaß Schnitzler junior den Wunsch des Papas. Obwohl der Film in allen Städten groß herausgestellt wurde, gelangte niemals ein Protest von Schnitzler junior an die Öffentlichkeit.

Alle drei, das Schnitzlersche Theaterstück, der Film und das
Wiener Kabarett-Produkt, haben genau dasselbe Thema,
und zwar, laut Gutachten, ›die Verlockung zu dem diskret
durch Gedankenstriche angedeuteten Geschlechtsgenuß ...
Dem Arzt Schnitzler war der Satz des alten Galen wohl bekannt – triste est omne animal post coitum praeter mulie-
rem gallumque –, es folgt daher in jeder Szene bei dem
Manne auf Hyperexcitation ein Erschöpfungszustand, in
dem der gesättigte Partner sich ganz anders benimmt als
vorher der feurige Werber‹.
Den Unterschied zwischen dem Original-›Reigen‹ und der
53er Nachdichtung sieht der sachverständige Castle in dem
Faktum, daß ›an die Stelle der veralteten Verhältnisse, die
den tändelnden und lüsternen und satten Schichten der bürgerlichen Gesellschaft von 1900 angemessen waren, im ›Reigen 53‹ die Verhältnisse und Personen unserer Gesellschaft
mit ihrer Not und ihrem Elend‹ getreten seien.
Dann aber führt der Professor mit einem einzigen nüchter-
nen Satz nicht nur den ganzen Anwaltsschriftwechsel, sondern auch die sechs vorangegangenen Seiten seines eigenen
Gutachtens ad absurdum. Er stellt fest, was jeder normale
Besucher ohne jede literarische und juristische Vorbildung
empfindet: ›Reigen 53‹ sei eine Parodie des ›Reigens‹ von
Schnitzler im wahrsten Sinne des Wortes, und nie sei es einem Autor eingefallen, eine solche parodistische Verulkung
seines Werkes unter Berufung auf sein Urheber- und Nut-
zungsrecht zu verbieten.
›Reigen 53‹ oder: Gelegenheit macht Liebe‹, schrieb der
›Münchener Merkur‹ nach der Premiere der Schnitzler-Par-
odie. ›Die Autoren haben Schnitzlers ›Reigen‹ umfrisiert ...
Sie wollten ihn wohl zeitgemäß und zeitgenössisch machen
... und sie übernahmen den schnoddrigen Dialog direkt
von der Straße und von den Kneipen. Mit Recht waren sie
der Meinung, daß es nichts Neues gibt und das Alte immer
wieder neu gesagt werden muß. Aber das Neue darf dann
nicht banaler und geistloser, nicht platter und gröber wir-

ken als das Alte. Die drei Autoren haben auf dem Programmzettel den Dichter Schnitzler nicht einmal erwähnt, wahrscheinlich weil von ihm nichts übriggeblieben ist als der Grundeinfall. Und tatsächlich, auf diesen Grundeinfall kommt es nicht an; er ist nicht mehr als eine Rechenaufgabe, die auf einem Reißbrett entworfen und durch eine Zählmaschine gelöst werden kann.‹

Als Untertitel, mäkelte der ›Münchener Merkur‹, stehe auf dem Programm: ›Zehn Variationen über ein altes Thema‹. Richtiger müsse es heißen: ›Ein altes Thema ohne Variationen‹.

Auf einem der besten Plätze saß bei der Premiere ein 83jähriger intellektuell wirkender Greis mit Hornbrille. Es war Oscar Straus, der Komponist des ›Reigen‹. Er saß mit zusammengefalteten Händen, paffte eine schwere Importe und schwieg.«

[N. N.:] *Reigen*-Parodie. Gelegenheit macht Liebe. In: Der Spiegel. Nr. 20. 13. Mai 1953. S. 31 f. – Mit Genehmigung der Spiegel-Verlag Rudolf Augstein GmbH & Co. KG, Hamburg.

Helmut Schödel in der *Zeit* (Hamburg) zu den Aufführungen in München und Basel:

»Mitte des 19. Jahrhunderts, als ›Madame Bovary‹ vor Gericht stand und der Staatsanwalt dem Autor Flaubert ›Verstoß gegen die öffentliche Moral, die guten Sitten und die Religion‹ vorwarf, wurde auch Baudelaires Gedichtband ›Les Fleurs du Mal‹ der Prozeß gemacht. Wovon man nicht sprach, darüber sollte auch nicht geschrieben werden. Die Prüderie des Bürgertums bestimmte die Grenzen der Literatur. Die Grenzen der Scham und die gesellschaftlichen Tabus sollten nicht überschritten werden.

Also gab es auch im 20. Jahrhundert weiterhin spektakuläre Prozesse gegen die Literatur: gegen Joyces ›Ulysses‹ (1933), gegen Genets ›Notre-Dame-des-Fleurs‹ (1972). Im November 1922 kam in Berlin Schnitzlers ›Reigen‹ vor Gericht.

Sechs Tage dauerte die Verhandlung gegen die Direktion und die Darsteller des Kleinen Schauspielhauses Berlin, wo im Dezember des Vorjahres die Uraufführung stattgefunden hatte.

Nach Schnitzlers eigenem Wunsch durfte der ›Reigen‹ seither nicht mehr gespielt werden. Sein Sohn hat dieses Verbot zum 1. Januar 1982 aufgehoben. Gleich am Neujahrstag hatte der ›Reigen‹ in Basel, München, Manchester und London Premiere.

*

Der blaue Vorhang des Münchner Cuvilliés-Theaters öffnet sich langsam. In der Proszeniumsloge spielt ein Pianist, von einer Cellistin begleitet, einen Walzer von Oscar Straus, ›La Ronde‹. Auf der Bühne dreht ein Karussell die Schauplätze eines Theaterstücks vorbei: ein Donauufer, einen Salon, ein Schlafzimmer, ein Chambre séparé. Das Karussell ist farbig angeleuchtet und mit einer bunten Lichterkette dekoriert. Immer wenn es stoppt, sehen die Zuschauer ein neues Bühnenbild. Zehnmal dreht es sich, zehnmal stoppt es, zehn Paare zeigt es: zehn Verhältnisse, in denen immer ein Partner gegen einen neuen ausgetauscht wird. Das Karussell ist ein Liebeskarussell. Es dreht sich für alle: für die Dirne und den Soldaten, für Dichter, Schauspieler und Grafen. Für seine Erfinder, den Intendanten des Bayerischen Staatsschauspiels Kurt Meisel (der an diesem Abend Regie führt) und seinen Bühnenbildner Jürgen Kötter, geht von dieser Theatermaschine ein sentimentaler Zauber aus.

Den Zuschauern bietet sie außerdem einen Reigen schauspielerischer und erotischer Attraktionen. Die Schauspielerin Ursula Lingen verführt mit einer kaum zu überbietenden Schamlosigkeit einen befreundeten Grafen: unter der Decke ihres Bettes streckt sie ein Bein heraus. Hans Brenner, der den Grafen spielt, läßt ihn heiser sein und an Arthritis leiden und zeigt mit einer wiederum nicht zu überbietenden Schamlosigkeit Frau Lingen sein nacktes Hinterteil. Auch Walter Schmidinger, der einen Dichter spielt, ist von Ursula Lingens Frivolität begeistert und springt mit einem vom Publikum mit Beifall belohnten Satz (und einer nicht zu überbietenden Schamlosigkeit) zu Frau Lingen ins Bett. Und so dreht sich das Karussell, in buntes Licht getaucht, zu Musik von Oscar Straus zu immer neuen Liebesabenteuern.

Kurt Meisel, der an diesem Abend auch als Schauspieler das Karussell betrat, versuchte selbst als Regisseur eine Figur von Schnitzler zu spielen: Anatol. Aber gerade der sentimentale Stimmungsmacher, der melancholische Playboy, der seine Promiskuität als schönen Leichtsinn verkauft, fehlt in Schnitzlers ›Reigen‹. Es geht nur noch um die Mechanik der Amouren – um die Promiskuität. ›Der Reigen‹, schrieb Schnitzler 1921 in einem Brief an die Schauspielerin Tilla Durieux, könnte auch ›Der einsame Weg‹ heißen. Aus den Liebesabenteuern Anatols wird im ›Reigen‹ eine Farce, fast eine Tragikomödie. Nicht mehr bleibt vom Playboy im ›Reigen‹ als ein Onanist, weil er sich bei stets wechselnden Partnern für keinen Partner interessiert.

1921, als der ›Reigen‹ in München gespielt wird, kommt es im Februar während einer Vorstellung zu Protesten. Man ruft ›Schweinerei, Saustall, Gemeinheit, Unverschämtheit‹. Ein Teil des Publikums hat faule Eier und Stinkbomben bei sich. Die Proteste galten (neben der jüdischen Herkunft des Autors) vor allem den Gedankenstrichen in Schnitzlers Text. Denn immer wenn die Paare ihre Konversation beenden und ins Bett steigen, endet auch Schnitzlers Stück, fiel im Theater der Vorhang, hörten die Zuschauer Musik und dachten sich ihr Teil (und protestierten mit Stinkbomben und faulen Eiern gegen das, was sie dachten). Am Tage nach diesem Skandal wurden weitere Aufführungen des Stücks in München polizeilich verboten.

Sechzig Jahre später fühlen sich die Zuschauer im Cuvilliés-Theater gut unterhalten. Meisel vergoldet Schnitzlers ›Reigen‹ zu einem süßlichen Genrestück aus Wien, und Anatols

Libertinismus nimmt, vom Regisseur Meisel imitiert, bald in lauten Kalauern ein kleinkariertes Ende. Die Inszenierung kokettiert mit der Doppelmoral der Figuren als der Moral der jeweils anderen. Aus dem ›Reigen‹ wird so ein undefinierbares Unterhaltungsstück. Im Cuvilliés-Theater hat Kurt Meisel mit Schnitzlers ›Reigen‹ kurzen Prozeß gemacht.

In der Silvesternacht wurde der Prozeß gegen Schnitzlers ›Reigen‹ noch einmal eröffnet. Verhandelt wurde in der Basler ›Komödie‹. Auf der schwarz verhangenen Bühne um den Richtertisch versammelt: die Theaterleitung des Kleinen Schauspielhauses Berlin als Angeklagte, zwei Sachverständige und zehn Zeugen, die aus den Originalprotokollen des Berliner Prozesses lesen. Man berichtet von Störungen und Stinkbomben auch in Berlin. ›Schmutz bleibt Schmutz‹, erklärt der Sachverständige der preußischen Regierung. Eine Zeugin schlägt vor, notfalls die Vorstellung unter Wasser zu setzen. Man ist empört, entrüstet, schockiert (und von deutsch-völkischen Gruppen aufgehetzt). Aber dank eines klugen Plädoyers des Verteidigers und mit Hilfe des Theaterkritikers Alfred Kerr, der als Sachverständiger geladen ist, endet der Prozeß mit einem Freispruch für alle Angeklagten.

In der Pause zwischen dem ›Reigen‹-Prozeß (um 21 Uhr) und der ›Reigen‹-Premiere (um 0.25 Uhr) erzählt mir der Basler Kritiker Peter Burri bei einer Silvesterfeier im Restaurant der Kunsthalle von einem weiteren Theaterskandal. Das Publikum in der ›Komödie‹ hatte auch deshalb so über die Zeugenaussagen gegen Schnitzler gelacht, weil sie den Äußerungen Basler Kommunalpolitiker zu einer Arrabal-Inszenierung David Mouchtar-Samorais in Basel so ähnlich seien. Wo in Schnitzlers Stück Gedankenstriche stehen und in den Aufführungen das Licht ausgeht, zeigt Samorai das Paar in Aktion, ein schwules Paar. Mehrere ältere Herren seien daraufhin mit Trillerpfeifen in der Vorstellung erschienen. Wie zur Zeit des ›Reigen‹-Prozesses gilt die

Darstellung abweichenden Sexualverhaltens weiterhin nicht nur als obszön und amoralisch, sondern auch als ästhetisch mißlungen. Der Streit um Schnitzlers ›Reigen‹, der in München wie ein Anachronismus erscheint, wird in Basel zum Lokaltermin.

Das gilt nicht für die Inszenierung des Stücks durch Wolfgang Quetes. Auch in der Basler ›Komödie‹ wurde Schnitzlers ›Reigen‹ (zwischen den Stellwänden und Plüschmöbeln des Bühnenbildners Hannes Meyer) so gespielt, daß wir unseren eigenen Reigen darin nicht erkennen konnten. Quetes inszenierte ein lustiges Volksstück im Wiener Dialekt, ohne zu bedenken, daß das Tempo des Reigens inzwischen rascher geworden ist; daß die zum ›Reigen‹ gehörende Konversation immer gleichgültiger, routinierter und unpointierter gehandhabt wird; daß der ›Reigen‹ nicht mehr nur eine Lust ist, sondern Leistungen fordert; daß der ›Reigen‹ insgesamt zur Prestigesache geworden ist. Für Schnitzlers melancholische Abneigung gegen dieses Spiel hat unsere sexuell emanzipierte Gesellschaft inzwischen die Begründungen geliefert. Ich wünsche mir eine ›Reigen‹-Inszenierung, die davon handelt.«

H. Sch.: Die Blumen des Blöden. Theater: Der *Reigen* in München und Basel. In: Die Zeit (Hamburg). Jg. 37. 8. Januar 1982. S. 38. – Mit Genehmigung der Zeitverlag Gerd Bucerius GmbH, Hamburg.

4. Der Film nach dem Stück

Die erste Umsetzung der Bühnendialoge des *Reigen* in das Medium des Films ist längst vergessen: ein Film von 1920 in der Regie von Richard Oswald, der damals vor allem »Aufklärungsfilme« drehte, immerhin mit Asta Nielsen und Conrad Veidt in den Hauptrollen. Doch die Version von Max Ophüls – *La Ronde* (1950) – hat alle anderen Transformations-Versuche übertroffen und daher aus dem Gedächtnis verdrängt. Der Regisseur Ophüls wie sein wichtigster

Darsteller – Adolf Wohlbrück in der Rolle des Spielleiters – waren aus Hitlers Deutschland ins Exil geflohen. Das mag unter anderem erklären, weshalb Ophüls den *Reigen* als Vorlage für seinen Film benutzen durfte.

VITO ATTOLINI zu Schnitzlers *Reigen* und Ophüls' *La Ronde*:

»Indessen benutzt Ophüls die Struktur der gleichsam ineinandergreifenden Wiederholung, das bitter Anmutende der strengen Geometrie des Stückes *Reigen*, um eine für ihn typische These auszudrücken: die unveränderliche Gleichförmigkeit der menschlichen Natur werde in dem fundamentalen und von äusseren Faktoren scheinbar wenig beeinflussten physiologischen Akt der Vereinigung erkennbar. In diesem Akte schwinde, was den Menschen in den Beziehungen des gesellschaftlichen Lebens kennzeichne: jeder finde sich in ihm gleich, unbeachtet der bestimmten Klasse, der er angehöre.

Diese Umdeutung der Ideologie von *Reigen* entspricht vollkommen der romantischen Auffassung des Regisseurs, die ihn dafür sorgen lässt, dass – wie schon bei seiner ersten Umsetzung eines Schnitzler-Textes – jeder von dem Stück erzeugte ›klinische‹ Schmerz gemildert wird; die Spuren des Dramas verwischen sich so, und wieder einmal bleibt nur eine zärtliche, leichte Marivaudage. Die hellsichtige Arbeit der Vivisektion, die den Menschen an der hierarchischen Stufe festmacht, an die er durch seine soziale Identität gefesselt ist, wird durch den liebevollen Versuch des Heilens ersetzt, dessen Ergebnis eben die Wiederherstellung einer illusorischen Gleichheit ist.

Dieses Programm Ophüls' wird schon von der ersten Kameraeinstellung von *La ronde* deutlich; es tritt eine Figur auf, die in Schnitzlers Werk nicht erscheint und die – für die Filmversion erfunden – gleichsam die Funktion eines Sprechers für den Regisseur erfüllt, der sie ja einführt, bevor die eigentliche Handlung beginnt. Es handelt sich um einen Mann, der von weither gekommen ist, den Abendnebel umhüllt und der in einen schwarzen Mantel gekleidet ist. Während die Kamera sich ihm langsam nähert, um ihn ins Bild zu rücken, fällt das Licht zugleich auf ein Theatergerüst, auf dem er sich bewegt. Dies bestimmt genau seine Funktion, die des metaphorischen Koordinators der Geschehnisse, deren Ablauf der Zuschauer danach in der Wirklichkeit sieht, die sozusagen einer hypothetischen Szene gleichgestellt wird. Er geht einige Schritte auf der Bühne, so als ob er etwas überlegte, dann kündigt er an: ›Reigen (...) und ich? Wer bin ich in dieser Geschichte? Der Autor? Ein Passant? Natürlich! Ich bin ›ihr‹ unwichtig, wer von euch genau (...). Ich bin die Verkörperung eurer Wünsche (...), eures Wunsches, alles zu kennen. Wirklich, die Menschen kennen nur einen Teil der Realität. Warum? Weil sie bloss einen Ausschnitt der Dinge sehen, während ich sie alle sehe, weil ich sie ›im Reigen‹ (›en rond‹) sehe.‹ Aber wo sind die Geschichten angesiedelt, die der Zuschauer zu verfolgen eingeladen ist? Durch die programmatische Erklärung, die dem Film als Motto vorangestellt ist, macht Ophüls seine Auffassung vom ewigen Reigen der Liebe geltend. ›Wir sind in der Vergangenheit‹, sagt der Mann im Mantel. ›Ich liebe die Vergangenheit. Sie ist viel ruhiger als die Gegenwart und so viel sicherer als die Zukunft.‹ Während er dies spricht, bleibt er vor einem alten Haus stehen. ›Wir sind in Wien, im Jahr 1900. Die Sorgen sind andere, anders die Sitten.‹ Und so nimmt dann der ›Reigen‹ Ophüls' seinen Anfang. Die verschiedenen Personen werden in der Folge wie von oben her von diesem unsichtbaren, doch allgegenwärtigen ›Regisseur‹ manövriert und bewegt, der die Fäden zieht und den Sinn der Erzählung festlegt; diesen Sinn birgt das Lied, das davon spricht, wie die ehrbare Dame, die süsse Näherin, der Adlige oder der Soldat alle, wenn die Liebe sie überrascht, den gleichen Tanzschritt anzudeuten scheinen.

In dieser Hinsicht ist Reigen so etwas wie die Summe des

gesamten Filmschaffens von Ophüls, ein Bekenntnis zu jener Auffassung des Lebens, welche das ganze Werk durchzieht und seine Struktur prägt. Indem er diese Affassung vertritt, begnügt sich Ophüls jedoch nicht bloss damit, die Sexualität als ein Moment zu definieren, das die Schicksale der Menschen vereint. Der unausgesprochene Zynismus dieser Behauptung wird später korrigiert – wie aus der Szene zwischen der ›jungen Frau‹ und dem ›Ehemann‹ deutlich hervorgeht. Was die verschiedenen Szenen von Ophüls' Reigen miteinander verbindet, ist die Sublimierung der Liebe zu einem durchaus spirituellen Wert, der dem Regisseur sehr wichtig ist; dieselbe Bedeutung der Liebe hatte er ja schon in seinem Film *Liebelei* hervorgehoben. Diese Bedeutung der Liebe scheint durch die Heimtücke der Zeit bedroht zu sein, durch dieses Prinzip der Auflösung – einer Auflösung, die das Gefühl der Liebe zunichte zu machen oder in Vergessenheit geraten zu lassen scheint.

Dieses überall spürbare, der gesamten Handlung unterlegte Bewusstsein bewirkt, dass *Reigen* der Film Ophüls' wird, den er am meisten durchdacht und für den er sich die grösste Mühe gegeben hat. Hier erzielt er ein prekäres Gleichgewicht zwischen den Erscheinungsformen einer Wirklichkeit, die sich äusserlich oberflächlich und zynisch gibt, leichtfertig und detachiert zeigt, und einem kaum spürbaren Gefühl leiser Verzweiflung. Jene scheinbare Leichtigkeit, jenes Voranschreiten, das sich auf das Aufreihen der elementarsten Fakten stützt, die den Film in eine vereinfachte Struktur reduzieren, erweisen sich als andauernd gefährdet. Das Gleichgewicht scheint infolgedessen nahe daran zu sein, verlorenzugehen, die Fäden der Handlung, die der geschickte Marionettenspieler des Prologs zu koordinieren und zu beherrschen sucht, drohen zu zerreissen. Das alte Wiener Haus, das dieser als Ort der Handlung angezeigt hat, verliert sich in der ahistorischen Unbestimmtheit einer Wirklichkeit, die vom unumschränkten Wirken der Zeit beherrscht wird.

Reigen ist ein Film ohne Milieu – bemerkte ganz richtig Gunter Groll, als der Film vorgestellt wurde –, ›er ist ausserhalb von Raum und Zeit angesiedelt; er geht aus von einer vergangenen Wirklichkeit, die von der Ethik des ›fin-de-siècle‹ beherrscht wurde, und trachtet nach dem Ewig-Menschlichen. Eine elegante Elegie, eine Kritik in Samthandschuhen. Ein kleines Wiener Theater.‹

Vor allem in diesem Film erlangt Ophüls' filmisches Schaffen höchste Funktionalität. Lange, gewundene Begegnungen der Kamera in meisterhaften Bildsequenzen scheinen Menschen und Dinge unterschiedslos in die gleiche Perspektive zu rücken – die Menschen sind wie eingeschlossen in den Raum, den ihnen die Dinge übriglassen. Die dauernde Anwesenheit des Objektivs verhindert, dass jene Distanz zwischen Autor und Personen entsteht, auf der die scharfsichtige und ›wissenschaftliche‹ Analyse der bürgerlichen Sitten in Schnitzlers Werk beruht.

Ein in gewissem Sinne paradoxes Ergebnis, wenn man sich die ursprüngliche Absicht vergegenwärtigt, die Distanzierung, die die Präsenz des Erzählers im Prolog suggeriert. Dieser Erzähler sollte doch dadurch, dass er gleichsam von aussen die Koordination der Handlung entwirft, die Funktion eines kritischen und detachierten Kommentators übernehmen. Doch der Mann im Mantel ist Ophüls selbst, er ist in dieser melancholischen und in das Geschehen verwickelten Figur gegenwärtig, die die verschiedenen Stationen des Reigens miteinander verbindet. Diese Figur wird zur Verkörperung seines eigenen Wunsches, und zwar in der Weise, wie die Einladung zu Beginn des Films es andeutet.

Im übrigen stützt dieser offenkundige Widerspruch den leichten Aufbau des Films *Reigen* und trägt zu seinem ›Stil‹ bei, der traditionell naturalistische Stoffe zu benutzen scheint, jedoch in Wirklichkeit ihre Bedeutung und Funktion völlig umkehrt (die moralische Blindheit der italienischen Zensur, die diesen Film wegen seiner angeblichen Immoralität lange Zeit aus den Kinos fernhielt, ist völlig unerklärlich); ein Widerspruch, der von einer äusserlichen Anlehnung an den Text Schnitzlers einerseits und einer grundsätzlichen Umkehrung seiner Bedeutung andererseits herrührt. Abgesehen von der Einführung des Erzählers im Prolog hält sich der Film *Reigen* wirklich sehr genau an die einzelnen Szenen der Komödie, sogar bis zur Wiedergabe der im Stück durch Auslassungspunkte bezeichneten Handlungslücken durch geschickte Ellipsen oder diskrete Metaphern: das schwingende Pendel in der Szene zwischen der ›jungen Frau‹ und dem ›Ehemann‹, das Signal ›Rückzug‹, das in der Szene zwischen der ›Dirne‹ und dem ›Soldaten‹ der Trompeter bläst. Diese bildlichen Lösungen entsprechen vollkommen dem Stil Ophüls', einem Stil, der ganz in dem Wechselspiel von Frivolität und Ernst, Unschuld und Arglist liegt; die beiden auf Schnitzler-Texten beruhenden Filme gehören zu den höchsten und gelungensten Hervorbringungen dieses Stils.«

V. A.: Arthur Schnitzler im Filmschaffen von Max Ophüls. Zit. nach: Giuseppe Farese (Hrsg.): Akten des Internationalen Symposiums »Arthur Schnitzler und seine Zeit«. Bern / Frankfurt a. M. [u. a.]: Lang, 1985. S. 149–152. – © 1985 Peter Lang AG, Bern.

IV. Urteile der Literaturwissenschaft

Die Befunde der Literaturwissenschaft erstrecken sich zwischen zwei Polen. Zum einen wird das Allegorisch-Überzeitliche der Vorgänge hervorgehoben, der Reigen beispielsweise einem Totentanz verglichen, zum anderen das Spezifische der Situation im Wien der Jahrhundertwende. Fast alle Untersuchungen erschließen das Melancholische und Dunkle an diesem »Karussellbetrieb« (Richard Alewyn) der Lust. Die eindringlichste und wohl überzeugendste Analyse stammt von Rolf-Peter Janz, der Ideen und Praktiken des Wiener Bürgertums im Fin-de-siècle dem *Reigen* eingeschrieben sieht. Feministische Interpretation suchte sogar nach oberflächlich ausgesparten Geschlechterbeziehungen im Stück (Johanna Bossinade). Daß sich auch die Psychoanalyse dem *Reigen* zugewandt hat, verwundert nicht. Theodor Reiks allzu ausführliche Überlegungen umkreisen immer wieder das »Zwangsneurotische« des Partnerwechsels und der Glückssuche und betonen überdies, daß – ganz untypisch für die Epoche! – von der Ansteckungsgefahr beim Geschlechtsverkehr fast nie die Rede sei. Reiks Gedanken sind zum Teil in die Forschung eingegangen (vgl. Pfoser [u. a.], 1993), aber doch so versessen auf eine einzige Erklärung, daß sie hier nicht noch einmal abgedruckt werden müssen.

RICHARD ALEWYN:

»Der Dichter gönnt den Personen keine Namen, durch die sie sich als einmalige Wesen ausweisen. Nach der Art der späteren Expressionisten nennt er sie: Die Dirne, Der Soldat, Das Stubenmädchen, Der junge Herr, Die junge Frau, Der Gatte, Das süße Mädel, Der Dichter, Die Schauspielerin, Der Graf. Wie die Figuren des Puppentheaters, wie die Gestalten des Totentanzes sind sie Typen. Und wie die Ma-

rionetten reagieren sie, an unsichtbaren Fäden gezogen,
gleich auf die gleichen Anreize oder Antriebe. So himmel-
weit sind die junge Frau und die Dirne, der Ehegatte und
der Soldat gar nicht voneinander unterschieden. Es läuft immer auf die gleiche Verrichtung hinaus. Die feineren Leute
unterscheiden sich von den gewöhnlicheren höchstens
durch die Umstände, die sie dabei machen zu müssen glauben, das ganze Brimborium von Prätentionen und Fiktio-
nen, das sie sich schuldig zu sein glauben – und der Dichter
hat in diesem Rahmen ein ganzes Pandämonium entfes-
selt, nicht eine Dantesche Hölle der großen Laster, nur ein
Pandämonium der kleinen Falschheiten und Feigheiten,
Dummheiten und Eitelkeiten, Kleinlichkeiten und Herzlo-
sigkeiten. Aber so sehr sie auf ihr schäbiges bißchen Person
pochen, so widerstandslos lassen sie sich doch zuletzt in den
gleichen Schlund hineinziehen, in dem das Licht erlischt
und die Stimme erstickt, um sich ebenso unerbittlich wieder
hinausgespieen zu finden in die Nüchternheit ihres Bewußtseins und befriedigt wieder Besitz zu ergreifen von der
Fiktion ihrer Person. So verschieden sie erscheinen, so verschieden sie sich anstellen, so brutal oder so sublim, sobald
sie in diesen Sog geraten, sind sie einander gleich wie der
Kaiser und der Bettler vor dem Tod des Totentanzes.
Zehnmal wiederholt sich der makabre Tanz, das Zieren und
Spreizen, das Girren und Kosen, zehnmal das Auf und Ab
der Skalen von Werbung, Lockung, Paarung, Sättigung und
Ernüchterung, und am Ende sind wir wieder da angelangt,
wo es angefangen hatte, und es ist nichts als die Barmher-
zigkeit des Vorhangs, die das Spiel verhindert, wieder von
vorne zu beginnen. Der Reigen ist ohne Ende und wird sich
wiederholen, solange die Welt nicht untergeht.
Wenn dieser Karussellbetrieb den Mitwirkenden so ver-
gnüglich erscheint, dann ist es, weil sie es nicht wissen –
wenn auch vielleicht ahnen (denn was sonst bedeutete das
argwöhnische Forschen nach Vorgängern und das ängstliche
Lauern auf Nachfolger, der ganze Ehrgeiz und Anspruch,

der Erste und Einzige zu sein, als das Zittern um die Illusion der Einmaligkeit und Ewigkeit?). Der Zuschauer dieses Narrenspiels aber sieht nur das Fadenscheinige aller dieser Prätentionen und das Mechanische der Wiederholung.

Das ist gewiß komisch, aber nicht in irgendeinem erheiternden oder erhebenden Sinn, eine Komödie für Götter mehr als für uns arme Menschenkinder, die ja in diesem Spiel nicht nur vor der Bühne, sondern auch auf der Bühne sind. Unerfindlich ist nur, wie man dieses Stück als unmoralisch hat denunzieren können. Weit entfernt, den Appetit auf amoureuse Betätigung zu wetzen, ist es vielmehr geeignet, ihn gründlich zu verderben. Es ist das Werk eines Moralisten, nicht eines Epikureers, ein Werk der Entlarvung, der Entzauberung, unbarmherzig und todernst, und im Vergleich dazu erscheint die ›Liebelei‹ immer noch als ein menschenfreundliches und trostreiches Stück.«

R. A.: Probleme und Gestalten. Frankfurt a. M.:
Insel Verlag, 1974. S. 302 f. – © 1974 Insel Verlag,
Frankfurt am Main.

Helga Schiffer:

»Unmittelbar nach dem Koitus hofft der Soldat nichts mehr, er strebt aus der sexuellen Beziehung in die Kaserne, in den Tod der Beziehungslosigkeit. Ihm ist daran gelegen, seine Anonymität zu wahren: ›Was interessiert dich denn das, wie ich heiß?‹ Über ihren Namen lacht er: ›Ha! – So an Namen hab ich auch noch nie gehört.‹ Ein seelisch Toter, erzwingt er seelischen Tod, indem er auslöscht, was die Dirne zum Menschen macht: die Sehnsucht nach Individualität: ›Geh, ein Sechserl fürn Hausmeister gib mir wenigstens! –‹ und den Wunsch nach Intimität: ›Strizzi! Fallott! –‹

Die zweite Szene spielt ›Prater. Sonntagabend‹: das Stubenmädchen geht mit dem Soldaten ›vom Wurstelprater aus in die dunkeln Alleen‹. ›Hier hört man noch die wirre Musik aus dem Wurstelprater, auch die Klänge vom Fünfkreuzer-

tanz‹, und sie fragt, ›warum S' durchaus schon haben fortgehen müssen‹, aber er antwortet nicht: ›SOLDAT: (lacht verlegen, dumm).‹ Vielmehr ergreift er sie, er ›faßt sie um die
Taille‹, sie ›läßts geschehen‹, wobei sie eine Beziehung zum
Tanz herstellt: ›Jetzt tanzen wir ja nimmer. Warum halten S'
mich so fest?‹ Der Tanz weist über sich hinaus, ist Symbol,
Zeichen eines individuellen Schicksals, des Verlustes von
Identität. Deshalb versucht er sich an ihren Namen zu erinnern, der ihm nicht gleich einfällt:

›SOLDAT: Wie heißen S'? Kathi?
STUBENMÄDCHEN: Ihnen ist immer eine Kathi im Kopf.
SOLDAT: Ich weiß, ich weiß schon … Marie.‹

Vertrauen vermag er desto weniger zu erwecken, je weiter
er sie in die Dunkelheit hineinführt: ›Sie, da ist aber dunkel.
Ich krieg so eine Angst.‹ Durch die Worte des Stubenmädchens wird auf das Dunkel behutsam Nachdruck gelegt:
›Aber wohin kommen wir denn da? Da ist ja kein Mensch
mehr. Kommen S', gehn wir zurück! – Und so dunkel!‹ Sie
sind hintersinnig und enthalten eine Anspielung auf die
Nacht des Todes. Das Verhalten des Soldaten spielt auf eine
Liebesnacht an: ›SOLDAT (zieht an seiner Virginierzigarre,
daß das rote Ende leuchtet): s' wird schon lichter! Haha!
Oh, du Schatzerl!‹ so daß der Doppelsinn in der Schwebe
bleibt. Der Soldat ist gut gelaunt: ›Also der Teufel soll mich
holen, wenn eine heut beim Swoboda mollerter gewesen ist
als Sie, Fräul'n Marie‹, und dennoch zugleich gefährlich und
drohend, zunächst im Hinblick auf einen mutmaßlichen
Nebenbuhler: ›Hat er Ihnen was tan? Dem möcht ichs zeigen! Was hat er Ihnen tan?‹ Entsprechend übt das Stubenmädchen Zurückhaltung: ›Wir sein noch nicht so gute Bekannte‹, ohne ihre Wünsche zu verbergen: ›'s nächstemal,
wenn wir … Aber, Herr Franz –‹ Dringt er immer unver-
hohlener auf den Liebesakt, macht er mehr und mehr das
Recht des Stärkeren geltend, so verkennt sie nicht länger
ihre Ohnmacht: ›Sie, jetzt schrei ich aber wirklich. –‹ Sich

sträubend: ›Aber, Herr Franz, bitt Sie, um Gottes willen, schaun S', wenn ich das ... gewußt ...‹ umarmt sie ihn: ›oh ... oh ... komm! ...‹ um ihrer Einsamkeit und Verlassenheit innezuwerden:

›SOLDAT (selig): Herrgott noch einmal ... ah ...

STUBENMÄDCHEN: ... Ich kann dein G'sicht gar nicht sehn.

SOLDAT: A was – G'sicht ...‹

Auf der Höhe seiner Lebenskraft, geht von ihm Tod aus. Mit dem zweifachen Akt ist für ihn alles vorüber, und als er seine Liebe bekennen soll: ›Sag wenigstens, hast mich gern?‹ rühmt er seine Potenz: ›Na, das mußt doch g'spürt haben, Fräul'n Marie, ha!‹ Während sie sich nach Zärtlichkeit sehnt, ist er teilnahms- und fühllos; einen Kuß gibt er ihr ›gnädig‹, die Musik schon wieder im Ohr. Als er wieder tanzen geht, ist sie gebrochen, im metaphorischen Sinn tot. Ihr widerfährt ein ›tragikomisches Schicksal: sein Leben zerstört zu wissen und niemand haben, an dessen Brust man sich darüber ausweinen möchte als allein das Wesen, von dem es zerstört wurde‹: sich als austauschbares Objekt benutzt zu wissen und niemand haben, von dem sie geliebt werden möchte als allein den, der sie demütigt.«

H. Sch.: Arthur Schnitzlers *Reigen*. In: Text & Kontext 11 (1983) H. 1. S. 12–14. – © 1983 Text & Kontext, Kopenhagen.

ERNA NEUSE:

»Eine Untersuchung ergibt, daß Schnitzler im besonderen zehn Motive immer wieder verwendet.

1. *Das Motiv der Eile*. Dieses fällt als erstes auf. Es ist das Motiv, das den Reigen sich weiterbewegen läßt, also ein echtes Movens. Die charakteristische Wendung ist: ›Ich habe keine Zeit‹, die zuerst vom Soldaten in der ersten Szene gebraucht wird. Allerdings ist der Soldat der einzige Mann, der es in den neun Vorspielen eilig hat, sonst sind es immer

die Frauen, die vor dem Akt keine Zeit haben, und besonders die Junge Frau: ›Jetzt sollte ich längst bei meiner
Schwester sein‹. ›Alfred, sagen Sie mir einmal ganz genau,
wie spät es ist‹. – Das Süße Mädel: ›Es wird Zeit zum
Z'hausgehen‹. ›Was willst denn? – Ich muß ja gleich wieder
fortgehen‹. ›. . . ich muß ja sowieso zu Haus‹. ›Dazu hab ich
keine Zeit‹.

Die Tatsache, daß der Soldat der einzige Mann ist, der es
vor dem Akt eilig hat, deutet auf die Verkehrtheit seiner Situation hin; es ist ja nicht er, der das Mädchen verführen
will, sondern sie ihn. Ebenso zeigt die einzige Ausnahme in
den Nachspielen, nämlich die Junge Frau, die Eile hat, den
jungen Herrn zu verlassen, daß sein Unternehmen von ihr
nicht sehr geschätzt wurde. Sie ist die einzige weibliche Figur in allen Nachspielen, die Eile hat, wegzukommen: ›Wieviel Uhr ist es denn eigentlich?‹ ›Aber jetzt muß ich wirklich fort‹. Alle anderen Frauengestalten bedauern, daß die
Männer plötzlich fortmüssen, obwohl sie damit ihr eigenes
Eilighaben im Vorspiel als Lüge ausweisen: Die Dirne: ›Was
laufst denn so –‹. – Das Stubenmädchen: ›Geh, bitt dich,
nicht so schnell!‹ – Das Süße Mädel: ›Willst mich wirklich
schon z'haus schicken?‹ – Der Graf: ›Ich denke, es ist Zeit,
daß ich geh‹.

Das Drängen zur Eile wird an zwei Stellen mit der Nähe
des Todes begründet. Die Dirne sagt: ›Geh, bleib jetzt bei
mir. Wer weiß, ob wir morgen nochs Leben haben‹, und der
Junge Herr: ›Das Leben ist so leer, so nichtig – und dann –
so kurz – so entsetzlich kurz! Es gibt nur ein Glück . . . einen Menschen finden, von dem man geliebt wird –‹. Trotz
der Versuche, sich nur dem Augenblick hinzugeben, sind
die Charaktere vom Zeitbewußtsein geplagt. In jeder Szene
wird nach der Vergangenheit des Partners gefragt, die immer verschwiegen wird.

2. *Bemerkungen zu Licht- und Temperaturverhältnissen.*
Sehr bald fällt dem Leser auf, daß jede Frauenfigur eine Bemerkung zur Temperatur, zur Dunkelheit oder Helligkeit macht. Der einzige Mann, der dem Beachtung schenkt, ist der Graf. Bis auf drei derartige Feststellungen finden sie alle in den Vorspielen statt, nach vollzogenem Akt scheinen Temperatur oder Helligkeit keine Rolle mehr zu spielen: Die Dirne: ›. . . da ist so dunkel‹. – Das Stubenmädchen: ›. . . da ist aber dunkel‹. ›. . . es ist so licht . . .‹. – Die Junge Frau: ›. . . Und es ist so hell . . .‹. – Das Süße Mädel: ›Geh willst nicht lieber Licht machen?‹ – Die Schauspielerin antwortet auf den Einwand des Grafen, er wäre abends besser disponiert zu solchen Unternehmungen: ›Mach die Augen zu, wenn's dir zu licht ist‹. Die Junge Frau sagt zum Jungen Herrn: ›Es ist hier so heiß‹, um ihm Gelegenheit zu geben, ihr zu raten, doch ein paar Kleidungsstücke abzulegen. Dies wiederum hat zur Folge, daß sie sagt: ›Mir ist kalt‹, worauf er ihr rät, ins Bett zu schlüpfen und die vielversprechende Andeutung macht: ›Gleich wird's warm werden‹, was von ihr mit berechtigtem Zweifel quittiert wird: ›Glaubst du?‹ Dieses Beispiel illustriert am besten, wie die Handlung auf den Höhepunkt hin lediglich durch das Weiterreichen von stereotypen Redewendungen entwickelt wird. – Das Süße Mädel sagt zum Dichter: ›Mir ist so kalt‹ und der Dichter zur Schauspielerin: ›Ist dir nicht kalt?‹ und die Schauspielerin, um den Grafen zum Ablegen einiger Kleidungsstücke zu bewegen: ›Es ist sehr heiß hier, findest du nicht?‹ Der Graf: ›Es ist wirklich heiß‹, worauf sie ihn an sich reißt. Hier wird das stereotype Ausdrucksschema von mehreren Personen durch drei Szenen hindurch fortgesetzt, wobei die letzte Person es immer an die erste der nächsten Szene weitergibt.

3. *Die Angst, daß jemand kommt.* Es wurde bereits bemerkt, daß Schnitzler innerhalb eines Motivs wiederum eine genaue Formel für die Durchführung beobachtet. Es

sind fast immer die weiblichen Figuren, die durch ihr gleiches oder ähnliches Verhalten die Norm prägen. Ein oder zwei Männer handeln dann ebenfalls wie die Frauen, wodurch diese als Ausnahmen ihres Geschlechtes charakterisiert werden oder eine Situation als verschieden von den anderen markiert wird (Dirne–Soldat: nicht er will sie erobern, sondern sie ihn). Dasselbe Schema wird auch bei diesem Motiv befolgt. Mit Ausnahme der Schauspielerin äußern vor dem Akt alle weiblichen Figuren Angst, daß jemand kommen könnte. Teilweise ist sie echt, teilweise geheuchelt. Der einzige Mann, der auch dieser Angst Ausdruck gibt, ist der Graf, und damit stellt Schnitzler ihn in die Reihe der Frauen. Die Dirne: ›Pst. Jeden Moment kann ein Wachmann kommen.‹ Das Stubenmädchen: ›— aber pst, wenn wer kommen tät!‹ Das Süße Mädel: ›Aber Karl ... und wenn wer hereinkommt ...‹. Der Graf: ›... ich hab immer so die Empfindung, als könnte die Tür aufgehn ...‹.

Es ist auch bemerkenswert, daß dieses Motiv der Angst, daß man gesehen werden könnte, von allen Figuren als einziger Grund angegeben wird, warum man den Akt unterlassen sollte. Bedenken moralischer oder hygienischer Art werden von keiner Figur erwähnt, wodurch diese Menschen als eigener Werte bar und als rein gesellschaftsorientiert charakterisiert werden. Dieses Motiv hat charakterisierende Funktion, während das Motiv der Eile und die stereotypen Wendungen über Beleuchtungs- oder Temperaturverhältnisse die dramatische Funktion der Handlungsentwicklung haben.

4. *Das Heucheln des Verführtwerdens.* So wie sich die Angst, daß man gesehen werden könnte, die teilweise nur geheuchelt wird, auf die Aufrechterhaltung des äußeren Scheines richtet, so tut es auch das Motiv, das die Frauen benutzen, um die Männer und sich selbst glauben zu lassen, daß sie verführt wurden. Die Variationsskala bewegt sich

von: ›Wenn ich das gewußt hätt!‹ über: ›. . . o Gott, was machen Sie aus mir –!‹ und ›Sie haben mir versprochen, brav zu sein‹, bis: ›Sag mir lieber, wo du mich da hingeschleppt hast, Verführer!‹ Das Stubenmädchen: ›Wenn ich das gewußt hätt!‹ – Das Süße Mädel: ›In dem Wein muß was drin gewesen sein‹. – Die Junge Frau: ›O Gott, Alfred, warum haben Sie mich dazu verleitet‹. ›Alfred, was machen Sie aus mir!‹ ›Ist das Ihr Versprechen?‹ – Die Schauspielerin: ›Wüstling‹ und ›Sag mir lieber, wo du mich da hingeschleppt hast, Verführer!‹

Daß diese Anklagen von den Frauen geheuchelt sind, zeigt Schnitzler dadurch, daß er zum Beispiel den Dichter auf die Anklage der Schauspielerin: ›Sag mir lieber, wo du mich da hingeschleppt hast, Verführer!‹ antworten läßt: ›Aber Kind, das war ja deine Idee‹, oder daß die Junge Frau den Schuhknöpfler in ihrer Tasche mitbringt, wenn sie doch angeblich nicht erwartet hat, daß sie sich die Schuhe ausziehen würde. Besonders die Junge Frau und die Schauspielerin betonen, daß der Junge Herr, der Dichter und der Graf sie verführt hätten, während es sich gerade bei diesen drei Männern um eher feminine Typen handelt und es ganz offenkundig die Frauen sind, die sie verführen. So macht die Schauspielerin, ganz wie die Dirne in der ersten Szene, dem Dichter in der achten und dem Grafen in der neunten Szene den Antrag, mit ihr ins Bett zu gehen: Die Dirne: ›Geh, komm zu mir. Ich wohn gleich in der Näh.‹ – Die Schauspielerin: ›Höre, Robert, ich werde dir einen Vorschlag machen. Leg dich zu mir ins Bett.‹ Das Wort *Vorschlag* unterstreicht die Parallele zum geschäftlichen Angebot der Dirne. Dem Grafen macht sie das Angebot: ›Und jetzt bitt mich um irgendwas . . . du kannst alles haben, was du willst‹. Obwohl die Junge Frau und das Süße Mädel ihre ›Verführer‹ anklagen, klagen sie auch gleichzeitig in einer gespielten Pose sich selbst an: Die Junge Frau: ›Was bin ich für eine leichtsinnige Person!‹ – Das Süße Mädel: ›Du mußt dir eigentlich was Schönes von mir denken‹. Teilweise sind dies geheuchelte Selbstanklagen, teilweise Selbstverteidigungen, die aber nicht ernst zu nehmen sind, sondern lediglich den Widerspruch des Partners herausfordern und damit die Sanktionierung ihrer Handlungen bezwecken wollen. Das Motiv leistet hier einen wesentlichen Beitrag zur Charakterisierung der Individuen und der Gesellschaft.

5. *Das Ablehnen der Beantwortung persönlicher Fragen.* Der moralischen Heuchelei der Frauen entspricht die Feigheit der Männer. Sie lehnen die Beantwortung persönlicher Fragen ab und verhindern damit, daß das ›Verhältnis‹ in eine menschliche Beziehung übergehen könnte. So antwortet der Soldat auf die Frage der Dirne: ›Wie lange dienst denn schon?‹ mit: ›Was geht denn das dich an?‹ und der Gatte antwortet auf die Frage des Süßen Mädels, wo er wohne: ›Ach Gott, das ist ja egal‹. Der Dichter versteht es, die Brutalität dieser Verweigerung zu versüßen: ›Wenn du mich liebhast, frag überhaupt nichts‹. Aber auch hier wieder benutzt Schnitzler das Nichtbefolgen des zur Regel gewordenen Verhaltens zur Charakterisierung eines sich von den anderen Männern unterscheidenden Charakters. Es ist wieder der Graf, der sich durch sein menschliches Interesse an der Dirne auf die Seite der Frauenfiguren begibt; er fragt sie: ›Wie alt bist denn eigentlich? . . . Und wie lange bist du schon . . .‹. Und im Unterschied zu den feigen, heuchlerischen Männern beantwortet sie diese Frage ohne zu lügen.

Der Topos der Frage nach dem Namen ist mit den vorangehenden persönlichen Fragen nahe verwandt. Immer fragt der, der den anderen erobern will, nach seinem Namen, und der Gefragte verweigert meistens die Antwort. Auch hier ist wieder eine Ausnahme zu verzeichnen: der Dichter. Die Dirne: ›Geh, du, wie heißt denn?‹ Der Soldat: ›Was interessiert dich denn das, wie ich heiß?‹ – Der Soldat: ›Wie heißen S'? Kathi?‹ – Das Stubenmädchen: ›Aber Herr Franz –‹ Der Soldat: ›Sie haben sich meinen Namen g'merkt?‹ – Der

Gatte: ›Wie hat er denn geheißen [sein Vorgänger]?‹ – Das
Süße Mädel: ›. . . ich weiß ja nicht einmal, wie du heißt‹. Dagegen der Dichter: ›Sag, interessiert dich denn gar nicht,
wie ich mit dem Zunamen heiß?‹ Er ist eingebildet und
eitel, und es kränkt ihn, daß sein Ruhm nicht bis in die
Vorstadtkreise des Süßen Mädels gedrungen ist. Dieses Gel-
tungsbedürfnis ist sogar stärker als die auch von ihm ge-
pflegte Zurückhaltung, die keine persönlichen Details verraten will. Der groteske Höhepunkt in seiner Szene mit dem
Süßen Mädel ist, wenn er nach genossenem Geschlechtsakt
verkündet: ›Ich nenne mich Biebitz‹ und damit glaubt, eine
Offenbarung zu machen. Es wäre aber unrichtig, dieses Bedürfnis des Dichters nach namentlichem Gekanntwerden
nur als Eitelkeit zu interpretieren. Es wird doch vielmehr
auch das menschlich sympathische Bedürfnis nach Erkannt-
sein damit ausgedrückt. Die Märchenforschung legt dar, daß
mit der Namennennung das Inbesitznehmen ausgesprochen
wird:

> Ach, wie gut ist, daß niemand weiß,
> daß ich Rumpelstilzchen heiß'!

So frohlockt das böse Männlein in dem Märchen, weil ohne
Kenntnis seines Namens die Königin keine Gewalt über
ihn hat. Die Annahme der Taufname von Heiligen sowie
des Namens des Ehemannes drücken einen ähnlichen Vorgang aus. So sagt der Dichter zur Schauspielerin: ›Ich habe
doch einen Namen: Robert‹. Er ist ja auch der einzige
Mann, der über das Sexuelle hinaus ein persönliches Interesse an dem Mädchen hat, wenn er sagt: ›Ich habe dich noch
nicht gesehen, seit du meine Geliebte bist –‹ oder: ›Es ist
seltsam, ich kann mich nicht mehr erinnern, wie du aus-
siehst‹. Diese Feststellung verbindet ihn mit dem Stubenmädchen, die während des Aktes zum Soldaten sagt: ›Ich
kann dein G'sicht gar nicht sehn‹ und damit ihr Verlangen
nach einer persönlichen Beziehung kundtut. Die Norm für
das männliche Verhalten ist also die Zurückhaltung in der

Beantwortung persönlicher Fragen. Der Dichter stellt hier
die Ausnahme dar und wird dadurch als feminin charakterisiert.

6. *Die Frage: ›Hast mich gern?‹* Ein weiterer Kreis von stereotypen Wendungen wird gebildet durch die Frage der
Frauen: Das Stubenmädchen: ›Sag, Franz, hast mich gern?‹
– Die Junge Frau: ›Haben Sie mich denn lieb, Alfred?‹ – Das
Süße Mädel: ›Jetzt sag mir, ob du mich wirklich gern hast‹.
Wieder wird der Dichter in die Reihe der Frauen gestellt,
aber diesmal auch der Junge Herr. Der Dichter zur Schauspielerin: ›. . . sage mir, daß du mich liebhast‹, worauf sie
antwortet: ›Verlangst du noch weitere Beweise?‹, was an
den Soldaten erinnert, der auf dieselbe Frage des Stubenmädchens antwortete: ›Na, das mußt doch g'spürt haben,
Fräul'n Marie, ha!‹ – Der Junge Herr: ›Hast du mich denn
nicht mehr lieb?‹ Charakteristischerweise stellt er diese
Frage der Jungen Frau, aber nicht dem Stubenmädchen.

7. *Komplimente und Schmeicheleien.* Wenn die bisherigen
Beispiele zeigten, daß die Frauenfiguren die Ausführenden
der Motive und die Sprecher der stereotypen Wendungen
sind und ein oder zwei Männerfiguren durch ihr Mitmachen mit den durch die Frauen festgelegten Verhaltenswei-
sen als feminin charakterisiert wurden, so zeigt der Kreis
des Komplimentemachens und Schmeicheleiensagens die
Männer als die Ausführenden und eine Frau als die Ausnahme. Alle Männer beteiligen sich mit Ausnahme des Soldaten, dessen Stelle aber von der Schauspielerin eingenom-
men wird. Der Junge Herr: ›Sie haben eine schöne weiße
Haut, Marie‹. ›Ihre Haare riechen sogar angenehm‹. ›So
schön waren Sie noch nie‹. ›Sie sind nicht wie die anderen
Frauen‹. ›Ich bete dich an, Emma!‹ – Der Gatte zur Jungen
Frau: ›Du bist ja das klügste und entzückendste Wesen, das
es gibt. Ich bin sehr glücklich, daß ich dich gefunden habe.‹
›Und schön bist du! . . . schön!‹ Dem Süßen Mädel gegenüber erlaubt er sich hingegen nur einmal die Freiheit einer

freundlichen Lüge: ›Ich bin neugierig, weil ich dich liebhab‹. Dafür ist aber der Dichter ihr gegenüber umso großzügiger: ›– Diese süßen Augen –‹ ›Ich bete dich ja an, mein Schatz, mein Frühling . . .‹ ›Du bist schön, du bist die Schönheit, du bist vielleicht sogar die Natur, du bist die heilige Einfalt.‹ ›Herrgott, siehst du so entzückend aus!‹ Zur Schauspielerin sagt er: ›Du ahnst ja gar nicht, was du für mich bedeutest . . . Du bist eine Welt für sich . . . Du bist das Göttliche, du bist das Genie . . . Du bist . . . Du bist eigentlich die heilige Einfalt . . .‹.

Der Graf, die menschlichste Figur unter den Männern, ist am sparsamsten mit Komplimenten. Er sagt nur einmal zur Schauspielerin, und auch das ist ironisch zu verstehen, da er ihr Kranksein bezweifelt: ›Und gestern abend haben Sie noch gespielt wie eine Göttin‹. Nach vollzogenem Akt: ›Du bist ein kleiner Teufel‹. Die Schauspielerin schließt sich dem Männerreigen an, wenn sie zum Dichter sagt: ›Ja, du bist ein großes Genie, Robert!‹ und zum Grafen: ›Du bist zu schön‹ und ›Gott, was bist du süß‹. Dagegen nennt der Graf sie ›Engel‹, und die Dirne eröffnet den Reigen, indem sie zum Soldaten sagt: ›Komm, mein schöner Engel!‹

8. *Echte und geheuchelte Eifersucht.* Dieses Motiv taucht in den Szenen bei Frauen und Männern in gleicher Weise auf. Außer der Dirne gebrauchen es alle Frauenfiguren und außer dem Grafen und dem Jungen Herrn alle Männer. Man kann hier drei Spielarten unterscheiden.

a) Die direkte Frage nach dem ›andern‹: Der Soldat: ›Hat er Ihnen was tan? Dem möcht ichs zeigen!‹ – Der Gatte: ›Aber vorher? Wer wars denn?‹ – Der Dichter: ›Hast du schon irgendwen so liebgehabt wie mich? . . . Es wäre mir lieber, du würdest jetzt nicht an ihn denken.‹ ›Wem bist du in diesem Moment untreu?‹ – Das Stubenmädchen: ›Freilich, ich weiß schon, jetzt kommt die Blonde mit dem schiefen Gsicht dran!‹ – Die Schauspielerin: ›Das Fräulein Birken ist wohl leichter aufzulösen‹.

b) Die allgemeinere Anspielung auf die ›vielen‹: Der Gatte: ›Das haben dir schon viele gesagt? ... Wie viele haben den Mund da schon geküßt?‹ – Der Dichter: ›Wie vielen hast du es schon auf diese Art beweisen wollen ... hast du alle geliebt?‹ – Die Junge Frau: ›Wie vielen haben Sie das schon gesagt?‹ ›Und doch hast du ... wer weiß wieviel andere Frauen gerade so in den Armen gehalten, wie jetzt mich‹. – Das Süße Mädel: ›Na, paß nur auf, daß du mich mit keiner andern verwechselst‹.

c) Der Umweg über die Frage: ›Wie oft warst du schon hier?‹ Der Gatte: ›Warst du schon einmal in einem chambre séparée?‹ Der Dichter richtet dieselbe Frage mit denselben Worten an das Süße Mädel, und sie antwortet beiden Männern mit derselben Lüge. Der Dichter: ›Warst du hier einmal?‹ – Die Junge Frau: ›War in diesen Räumen schon jemals eine andere Frau?‹ – In völliger Perversion versucht die Schauspielerin bewußt und absichtlich, ihre Partner eifersüchtig zu machen: Zum Dichter: ›Den Mann hab ich wohl angebetet!‹ ›Nun, tröste dich, ich betrüge auch jemanden‹. ›Geliebt hab ich nur einen ... Du bist eine Laune‹. Zum Grafen: ›Was glauben Sie, wie glücklich wär mancher, wenn er an Ihrer Stelle sein dürfte!‹

Dieser Hinweis auf einen anderen Partner wird jedoch von den anderen Figuren nicht zum Zweck des Eifersüchtigmachens gebraucht, sondern eher, um den Fehltritt moralisch zu entschuldigen. So sagt das Süße Mädel: ›Wenn du ihm nicht so ähnlich schauen tätst –‹, und der Gatte rechtfertigt ihr Verhalten scheinheilig auch mit der Begründung: ›Um so mehr als ich dich an deinen ersten Geliebten erinnere‹. Er nutzt dieses Motiv auch für sich selbst aus, indem er feststellt: ›Du erinnerst mich auch an wen‹. Der einzige, der es aber tatsächlich ehrlich meint, ist der Graf: ›... meiner Seel, jetzt weiß ich, an wen du mich erinnerst, das ist ...‹. Er sagt dies zur Dirne, und wir vermuten, daß sie ihn an die Schauspielerin erinnert. Der Hinweis auf vergangene Geliebte bewirkt aber auch eine Entwertung des gegenwärtigen Er-

lebnisses, indem zur Zeit des Stattfindens bereits auf das
künftige Vorbeisein verwiesen wird. Alle Szenen scheinen
Wiederholungen früherer identischer Erlebnisse der dargestellten Personen zu sein. Die Episode zwischen dem Süßen
Mädel und dem Gatten deutet diese Möglichkeit besonders
stark an; er erinnert sie an einen ihm anscheinend sehr ähnlichen früheren Liebhaber, womit auch das Erlebnis selbst
als dem vorangegangenen sehr ähnlich gekennzeichnet wird.
Auch andere Personen scheinen vage, dem Leser nicht ver-
ständliche Erinnerungen an andere Menschen zu haben
oder Identitäten zu vertauschen. In den Szenen zwischen
Dichter und Schauspielerin, Schauspielerin und Graf, Graf
und Dirne werden derartige Erlebnisse angedeutet. Mit diesem Hinweis auf szenisch nicht dargestellte Episoden wird
auf die Variationsbreite aller möglichen Darstellungen des-
selben Stoffes über die zehn vorhandenen Szenen hinaus
verwiesen. Zu beachten ist auch hier wieder, wie Schnitzler
das Prinzip des Reigens durch die Wiederaufnahme eines
Motivs von mehreren Personen in mehreren Szenen einhält.

9. *Das Küssen.* Ein weiteres Motiv, in dem beide Geschlech-
ter als die aktiv Handelnden erscheinen, ist das Küssen: Der
Soldat: ›Gib mir ein Pussel‹. – Das Stubenmädchen: ›Geh,
willst mir nicht ein Pussel geben?‹ – Die Junge Frau: ›Ach,
komm her ... laß dich noch einmal küssen‹. – Der Gatte:
›Einen Kuß möcht ich haben‹. – Der Dichter: ›Wo sind
deine Lippen . . .‹. – Die Schauspielerin: ›Komm her, gib mir
einen Kuß!‹ ›Gib mir einen Kuß, mein Frosch!‹ Dies sagt sie
zum Dichter, während sie dem Grafen befiehlt: ›Und jetzt
gib mir noch einen Kuß, mein kleiner Philosoph!‹ – Die
Dirne: ›Ah, komm her, Pussi geben.‹
Hier interessiert besonders die sprachliche Konstruktion in
den Aufforderungen, die von seiten der Frauen erfolgen
und für ihre Charakterisierung von Bedeutung sind. Das
Stubenmädchen gebraucht die Form der Frage, die sie selbst
passiv und den Mann in der aktiven Rolle erscheinen läßt.

Es ist dies die Situation des Nachspiels, wo der Soldat sein Ziel erreicht hat und nun nicht länger interessiert ist. Die Junge Frau gebraucht zwar den Imperativ, was deutlich ihre Rolle als Handelnde zeigt, kleidet aber ihren Wunsch förmlich in eine Bitte ein: ›... laß dich noch einmal küssen.‹ Dagegen gebraucht die Schauspielerin wiederholt und ausschließlich Imperative, die sich durchaus wie Befehle anhören. Desgleichen die Dirne, deren Aufforderung ›Pussi geben‹ an das Kommando, das man an einen Hund richtet, erinnert: ›Pfötchen geben!‹

Die oben genannten Motive werden alle sprachlich durch mehr oder weniger stereotype Redewendungen vermittelt. Daneben benutzt Schnitzler aber noch optische und olfaktorische Motive, die nicht sprachlich vermittelt werden müssen und die die zehn Szenen ebenso wie die oben genannten Motive durch ihre ständig variierte Wiederholung aufs engste miteinander verbinden.

Verdunkelung und Herunterlassen der Rouleaus wird in jeder Szene außer der ersten, die im Freien spielt, betont. Entweder ist die Bühne gleich zu Beginn der Szene in Dunkelheit gehüllt, oder es wird im Lauf der Handlung das Rouleau heruntergelassen oder die Kerze ausgelöscht. Dadurch wird optisch die Parallelsituation dieser mit allen vorangegangenen Szenen vermittelt. Als Symbol steht die Dunkelheit für heuchlerische Schamhaftigkeit, die hilft, alle eventuellen Skrupel vergessen zu lassen. Auch verbirgt die Dunkelheit die Identität und die Individualität der Partner. Sie sind nicht wichtig, ja der *Reigen* zeigt, daß sie jeweils austauschbar sind. Der sexuelle Rausch, der ›erfüllte Augenblick‹, wird ohne innere Teilnahme am anderen in Einsamkeit, die durch die Dunkelheit intensiviert wird, erlebt.

10. *Essen, Trinken, Rauchen und Geruchsempfindungen.* Ein weiteres sichtbares Motiv ist das Essen von Süßigkeiten und Delikatessen, z. B. einer glasierten Kastanie, einer kandierten Birne, Obersschaumbaisers, Schokoladenbäckerei,

von Obst und Käse, das Trinken von Kognak (der Dichter, der Junge Herr), von Bier (der Soldat, die Dirne) und von ungarischem Weißwein (der Gatte), und das Rauchen von Zigarren, wobei der Gatte eine Havanna und der Soldat eine Virginier [sic] raucht, und von Zigaretten (ebenfalls der Gatte, der Dichter – und auch hier wieder eine weibliche Ausnahme: die Schauspielerin). Ebenso hat der wiederholte Appell an die Geruchsnerven motivischen Charakter. In der vierten Szene riecht es nach Veilchen, und bereits in der dritten Szene mit dem Stubenmädchen weist der Junge Herr auf den Duft ihrer Haare hin. Ebenso ist der Geruchssinn des Dichters sehr ausgeprägt, obwohl wir von ihm nicht hören, um welchen Duft es sich im besonderen handelt: ›Was einem da für ein Duft entgegensteigt. Wie süß.‹ Natürlich gehört auch der Graf zu den Geruchsempfindlichen: ›. . . aus den Polstern kommt so ein . . . Reseda ist das – nicht?‹ und in der zehnten Szene bei der Dirne: ›. . . wenn's nicht so nach Petroleum stinken möcht . . .‹. Es ist anzunehmen, daß sich diese Gerüche dem Zuschauerraum mitteilen, denn in wenigstens einer Szene geht der Junge Herr mit einem Sprayapparat über die Bühne und parfümiert die ganze Szenerie. Die Ähnlichkeit der verschiedenen Situationen wird somit auch durch Geruchseindrücke festgehalten.

Schnitzler zeigt in zehn Szenen, wie zehn Menschen unter der physischen Einwirkung des Geschlechtstriebes alle individuell menschlichen Züge verlieren und rein animalisch und uniform ihre Handlungen auf das eine Ziel, die Befriedigung des Triebes, ausrichten. Die sprachlichen Formeln oder Clichées, die benutzt werden, spielen dabei die Rolle von Chiffren, die stellvertretend für das eigentliche Anliegen stehen. Sie sind Tarnmechanismen, die die Teilnehmer benutzen, um an ihr Ziel zu gelangen. Daß es sich dabei immer um dieselben Chiffren handelt, zeigt, daß die Menschen sich einer Art Spielregeln in gesellschaftlicher Übereinkunft bedienen, die allgemein verständlich und akzeptiert sind. Die Übereinstimmung der Motive und Aussagen

der Dirne (Szene 1) und der der Schauspielerin (Szene 9) beweist die fundamentale Gleichheit beider Frauen bei sozial unterschiedlichem Niveau.
[...]
Die Basis für die sprachliche Variation liefert das Milieu des Sprechers und des Angesprochenen. So sagt die Schauspielerin mit berufsmäßigem Pathos: ›Verführer‹ und ›Wüstling‹, wo das Süße Mädel aus der Vorstadt ›du bist ein kecker Mensch‹ sagt – verschiedene Lesarten derselben Aussage oder, um beim musikalischen Vergleich zu bleiben, zwei Stimmen eines Kanons. Dieser Kanon ermöglicht dem Autor eine feine Differenzierung seiner Charaktere nach gesellschaftlichem Niveau. Vgl. das anspruchslose ›Sag wenigstens, hast mich gern?‹ des Stubenmädchens mit dem gekünstelten ›Haben Sie mich denn lieb, Alfred?‹ der Jungen Frau. Die sprachliche und soziale Mitte zwischen den beiden hält das Süße Mädel. Oder man vergleiche das Objekt der Eifersucht des Stubenmädchens, ›die Blonde mit dem schiefen Gsicht‹, mit dem der Schauspielerin, dem ›Fräulein Birken‹. Durch das Nichteinstimmen in die Harmonie des Kanons von seiten einer Figur erreicht Schnitzler die psychologische Charakterisierung des Außenseiters. Die feine sprachliche Differenzierung, die bei aller Gleichheit ihrer Absichten die Teilnehmer unverkennbar von einander unterscheidet – der Dichter spricht anders zum Süßen Mädel als zur Schauspielerin –, die große psychologische Kenntnis, die Schnitzler hier demonstriert, und nicht zuletzt, der bei aller fast wissenschaftlichen Beobachtungsschärfe so rigoros durchgehaltene Takt, verraten die hohe Künstlerschaft des Autors. Durch das soziale Idiom weist Schnitzler jeden Sprecher und jeden Angesprochenen auf seinen gesellschaftlichen Platz im *Reigen* und unterscheidet ihn von allen anderen Teilnehmern, obwohl sie alle dasselbe sagen und tun. Durch sprachliche, optische und olfaktorische Eindrücke weiß Schnitzler, der Naturwissenschaftler, die Situation zu vermitteln. So übersieht er auch nicht, daß alle menschli-

chen Sinnesorgane unter der Einwirkung des Geschlechtstriebes verschärft reagieren. Er läßt daher verschiedene Männerfiguren sich über Geruchsempfindungen äußern. Auch daß sie essen, trinken und rauchen unter der erhöhten Betätigung der Sinnesorgane, ist nicht zufällig. Die Basis für die Variation wird auch hier wieder durch die Soziologie geliefert: Der Gatte raucht eine Havanna, der Soldat eine Virginier [sic], etc. Wenn es zur Zeit der Abfassung des *Reigens* schon das Grammophon gegeben hätte, würden wenigstens einige Vorspiele unter Musikbegleitung stattfinden, wobei die Wahl des Musikstücks sicher wieder die soziale Charakterisierung des Spielers geliefert hätte. Statt dessen behilft Schnitzler sich in der zweiten Szene mit der Blasmusik des ›Swoboda‹, die eine »ordinäre Polka« spielt – es ist dies die Szene mit dem Stubenmädchen und dem Soldaten –, und in der siebenten Szene läßt er den Dichter für das Süße Mädel ein Wiegenlied auf dem Pianino spielen.

Das Prinzip des Reigens wird also durch das Abspielen einiger klar umrissener Motive von mehreren Partnern und einiger stereotyper Redewendungen, die durch eine geringfügige Variation die Gleichheit akustisch einprägen, durchexerziert, z. B.:

›da ist so dunkel‹
›da ist aber dunkel‹
›und so dunkel‹
›es ist so dunkel‹
Oder: ›das haben dir schon viele gesagt?‹
›wie vielen hast du es schon auf diese Art beweisen wollen?‹
›Wie vielen haben Sie das schon gesagt?‹

Die Motive bilden eine gedankliche und bildliche Verbindung der einzelnen Szenen und Figuren, während die sprachliche Formulierung durch ihre Gleichheit oder Ähnlichkeit einen musikalischen, klanglichen Zusammenhang bewirkt. Das musikalische Element des *Reigens* darf in die-

ser Dichtung Schnitzlers, die im wahrsten Sinne des Wortes
eine Komposition ist, nicht übersehen werden.«

E. N.: Die Funktion von Motiven und stereotypen
Wendungen in Schnitzlers *Reigen*. In: Monatshefte
für deutschen Unterricht, deutsche Sprache und
Literatur 64 (1972) H. 4. S. 359–367, 368 f. – ©
1972 The University of Wisconsin Press, Madison.

Hilde Spiel:

»Das Wien der letzten habsburgischen Dekaden vor dem
Kataklysmus [Katastrophe] war von einer trügerischen
Heiterkeit, einer taumelnden Selbsttäuschung erfüllt, die
sich in einem Übermaß von Vergnügungslust manifestierte.
Das Straßenbild war bunt, ja barock wie zu theresianischen
Zeiten: Uniformen von Regimentern aus allen Teilen der
Monarchie, Schleppen und Pleureusen, Equipagen und Fia-
ker mit Gummireifen, Märkte, Blumen- und Obststände
auf jedem öffentlichen Platz. Die Gesellschaft war viel-
schichtig und verästelt; in Schnitzlers ›Reigen‹ reicht sie von
der Dirne bis zu jenem Grafen, der in ihrem Gesicht die er-
staunliche Ähnlichkeit zu einer Dame seines Bekannten-
kreises entdeckt. Zwar waren die Standesunterschiede keineswegs gefallen, doch schienen sie verwischt. Der Adel
und das Volk fanden sich in den gleichen, oft naiven Neigungen, in einer Liebe zum Tanz, zur ›Komödie‹ und zur
leichten Musik, indes das Bürgertum, vielfach angeregt von
einer introspektiven und wortgewandten, erst seit 1867
vollends gleichberechtigten jüdischen Intelligenzschicht, einen anspruchsvolleren Kunstgeschmack bewies.«
Schnitzler hat das Gewebe sozialer Beziehungen in jenem
todgeweihten Alt-Österreich, das sich doch hektischer denn
je am Leben wähnte, in seinem Gesamtwerk dargestellt. Im
Tautropfen der kleinen Prosa, von der noch die Rede sein
wird, fing Felix Salten in einem 1910 veröffentlichten Es-
sayband verschiedene Formen der Wiener Lustbarkeit ein.
Vom ›Fünfkreuzertanz‹ der Soldaten und kleinen Leute im

Prater über die Nachtlokale der bürgerlichen Welt bis zu einer Wohltätigkeitsvorstellung in einem Fürstenpalais sind sie dort anschaulich geschildert. Wie im Schmelztiegel dieser versinkenden Gesellschaft die Physiognomien sich zu gleichen beginnen, geht aus dieser letzten Skizze hervor: ›Wollte man die Kronen der hier versammelten Herrschaften auf ein Häuferl schichten, das gäbe eine funkelnde Pyramide, die bis zur Decke reichen würde.‹ Und dennoch: ›Man breite ein Kopftuch über diesen Schmuck, und das nette, zutrauliche Gesicht eines Wäschermädels ist fertig ... Jener alte Mann dort, dessen weißer Bart ebenso ungepflegt als ehrwürdig ist, dem die Backen schlaff und wie ermüdet niederhängen, dem die Nase zum Mund hineinhängt, dem die Schultern hängen und die Kleider am Leib – genauso, so betrübt und erschöpft und im ganzen so belanglos, hat mein Mathematikprofessor ausgesehen. Jener Herr aber ist ein Fürst.‹ Majoratserben, Prinzen, Pagen, die so glatt frisiert und so windspielhaft von Wuchs sind wie feine Kellner in einem feinen Hotel, andere mit scharfgerissenen Profilen und ›Nasen von einer Krümmung, die sich heutzutage nur ein Graf erlauben kann‹, deren Ebenbilder aber unter angehenden Fiakern oder Bewohnern der Tempelgasse zu finden wären, kennzeichnen die Vermischung und Nivellierung der Typen im damaligen Wien.«

H. S.: Die geselligen Eigenbrötler. In: Wien. Spektrum einer Stadt. Hrsg. von H. S. München: Biederstein, 1971. S. 117. – Mit Genehmigung von Hans A. Neunzig, München.

ROLF-PETER JANZ in seiner Studie »Reigen«:

»Die Analogie zum Totentanz setzt sich darüber hinweg, daß Schnitzlers Stück historisch wie theologisch von mittelalterlicher Literatur durch Jahrhunderte getrennt ist. Zwar ist in der ersten und letzten Szene des Reigen vom Tod die Rede, doch auf unterschiedliche Weise. Daß der Soldat und

die Dirne von ihm sprechen, erklärt sich aus ihrer gegenwärtigen düsteren Situation; für den Soldaten sind die
Gründe, an ihn zu denken, in der zweiten, für die Dirne in
der letzten Szene entfallen. Der Graf, der sich als ›Philosoph‹ versteht, weiß zwar den Schlaf den Bruder des Todes
zu nennen, doch werden seine Räsonnements in der Kon-
frontation mit der Schauspielerin und der Dirne unüberhör-
bar der Lächerlichkeit preisgegeben. Das Todesmotiv verweist auf ein zentrales Thema des Impressionismus, das der
Vergänglichkeit; vom mittelalterlichen Totentanz ist der
Liebesreigen Schnitzlers allerdings weit entfernt. Sieht man
hier einmal davon ab, daß diese Analogiebildung noch derselben Moral verhaftet ist, die der *Reigen* der Kritik unter-
zog, jener Moral, derzufolge Eros nicht ohne Thanatos vor-
stellbar ist, so fällt die Schwierigkeit auf, vor die Schnitzlers
Stück seine Interpreten stellt: die ersichtlichen Rangunter-
schiede der Figuren und ihre einhelligen Triebwünsche zu-
sammenzudenken. Auch wo die Tatsache, daß nacheinander
Dirne und Soldat, Soldat und Stubenmädchen, Stubenmädchen und junger Herr etc. miteinander Beziehungen einge-
hen und diese Beziehungen sexueller Natur sind, nicht zur
Bemühung des Vergleichs mit dem mittelalterlichen Totentanz führt, ist die Neigung offenkundig, den sozialen Status
der Personen, die einen Querschnitt der Wiener Gesellschaft um 1900 bieten, hinter ihrer Triebhaftigkeit verschwinden zu lassen. Der *Reigen* zeige, heißt es noch in einem 1972 geschriebenen Aufsatz, ›wie zehn Menschen unter der physischen Einwirkung des Geschlechtstriebes alle
individuell menschlichen Züge verlieren und rein animalisch
und uniform ihre Handlungen auf das eine Ziel, die Befriedigung des Triebes, ausrichten‹. Für die Schnitzler-For-
schung jedenfalls ließe sich leicht belegen, daß die Strenge
des moralischen Verdikts stets mit der Schwäche der sozialen Wahrnehmung korreliert.
[...]
Der *Reigen* konfrontiert den Grafen mit der Dirne und der

Schauspielerin, nicht aber die junge Frau etwa mit dem Soldaten. In der Tat gilt für die Begegnung das Prinzip von Angebot und Nachfrage, jedenfalls insoweit, als sich Partner gegenübertreten, die an sexuellem Austausch interessiert sind, doch zeigt sich bei näherem Hinsehen, daß Männer Frauen konfrontiert werden, denen sie sozial überlegen, mindestens aber gleichrangig sind. Wollte man das skizzierte Marktmodell für die Interpretation ausführen, müßte man überdies darauf verweisen, daß – von der Schauspielerin abgesehen – sexuelle Liebe von den männlichen Figuren weit stärker nachgefragt wird, als die Frauen sie anbieten –, eine Beobachtung, die sich mit der Analogie zum Liebes-»markt« leicht verträgt, durch sie allerdings noch nicht expliziert ist. Obwohl, soviel ist richtig, im *Reigen* die sexuellen Beziehungen über Angebot und Nachfrage geregelt werden, teilt das Stück keineswegs auch die liberale Illusion von der prinzipiellen Gleichheit der am Tausch Beteiligten. Denn es funktioniert im *Reigen* zwar der Mechanismus von Angebot und Nachfrage, doch sind es sehr wohl ›privilegierte Abnehmerbeziehungen‹, in denen er zur Geltung kommt. Gewiß bleibt das Liebesverlangen der Eheleute nicht auf die Institution der Ehe beschränkt; die junge Frau aber geht sowenig wie die Schauspielerin unter ihr soziales Niveau. Für die erstere kommt neben dem Gatten nur der junge Herr in Betracht, für den Soldaten die Dirne und das Stubenmädchen, niemand sonst.

[...]

In Wahrheit hat die Moralpredigt des Mannes die doppelte Funktion, die Ehefrau durch Idolatrie wie auch durch Abschreckung auf dem Pfad der Tugend zu halten. Er suggeriert ihr, daß Frauen, die nicht anständig sind, früh sterben. Zugleich aber liefert sie dem Gatten den gewünschten Vorwand, sexuelle Lust, die er selbst aus der Ehe verbannte, woanders, bei Mädchen aus der Vorstadt, zu suchen.

Die Trennung von himmlischer und irdischer Liebe, wie sie Freud in dem Aufsatz *Über die allgemeinste Erniedrigung des Liebeslebens* als verbreitete Form des männlichen Sexualverhaltens seiner Zeit beschrieben hat, kommt ihm nicht schlecht zustatten. Je emphatischer er die Ehefrau auf die Rolle der Mutter festlegt, der Respekt und Anbetung gebühre, umso zwingender ist für ihn nach dem Muster einer self-fulfilling prophecy das Abenteuer im chambre séparée. Nicht also die Sorge um den erschöpflichen Liebesvorrat und die Geschäfte führen zur Askese, sondern die Ehrfurcht vor der Frau, die er selbst zur Heiligen verklärte. Während er die himmlische Liebe der Ehefrau vorbehält, gilt seine irdische einer andern. Sie muß die Bedingung moralischer und psychischer Erniedrigung erfüllen, an die seine sexuelle Befriedigung geknüpft ist. Dies tut das süße Mädel, mit dem der Gatte in der nächsten Szene den Akt vollzieht und mit dem er weitere Verabredungen trifft. Doch nicht erst das nachfolgende Abenteuer überführt die Moralpredigt des Gatten der Lüge, schon in ihr selbst ist ihre Scheinheiligkeit kenntlich gemacht. Hintersinnig nämlich tritt an der gegenüber der Gattin geäußerten Empörung über die ›Geschöpfe, auf die wir angewiesen sind‹, zugleich auch die Faszination durch sie zutage. Denn ›angewiesen‹ auf das Mädchen mit zweifelhaftem Ruf ist der junge Herr nicht nur, solange er unverheiratet ist, sondern erst recht, wenn er die anständige, d. h. jungfräuliche junge Dame geheiratet und verklärt hat. Unter den Bedingungen viktorianischer Sexualmoral folgt dem ehelichen Akt das Abenteuer nicht zufällig, sondern zwangsläufig. Schon in der Eheszene ist angelegt, daß der Gatte in der nächsten Szene mit dem süßen Mädel schläft. Und aus derselben Szene ist auch ersichtlich, warum die junge Frau in der Szene zuvor ihren Liebhaber getroffen hat.

[...]

Ihre komischen Züge gewinnt die Szene zwischen der jungen Frau und dem Ehemann vor allem daraus, daß seine Verdammung der gefallenen Sünderinnen die eigene Frau trifft, ohne sie im mindesten zu beeindrucken:

DER GATTE: [...] Du darfst nicht vergessen, daß solche Wesen von Natur aus bestimmt sind, immer tiefer und tiefer
zu fallen. Da gibt es kein Aufhalten.

DIE JUNGE FRAU (sich an ihn schmiegend): Offenbar fällt es
sich ganz angenehm.

Statt sich culpabilisieren zu lassen, hat die junge Frau das
Niedersinken aufs Bett des Liebhabers Stunden zuvor in
angenehmer Erinnerung. Nicht nur verbal – indem sie darauf besteht, vom Ehemann als Geliebte, nicht allein als
Mutter, behandelt zu werden –, sondern auch praktisch hat
sich die junge Frau von der über sie verhängten Sexualmoral
emanzipiert. Unschwer läßt sich die Entrüstung vorstellen,
mit der Schnitzler rechnen mußte, weil er die Gattin der Affäre des Mannes, die im bürgerlichen Vorurteil eher tolera-
bel ist, mit einer eigenen Affäre zuvorkommen läßt; mehr
noch, weil er sie die außereheliche Beziehung sichtlich ge-
nießen läßt und sie obendrein durch die Scheinheiligkeit der
Moralpredigt des Mannes nachträglich ins Recht setzt. Die
bigotten Vorhaltungen des Gatten, die sie doch abschrecken
sollten, sind für sie bestenfalls amüsant.

Bemerkenswert an der Szene zwischen dem jungen Herrn
und der jungen Frau sowie skandalös fürs zeitgenössische
Publikum ist nicht sowohl, daß sie die außereheliche Sexualität genießt, sondern ebenso, daß er sexuell versagt. Nicht
eben häufig ist die Impotenz des Mannes vor Schnitzler auf
die Bühne gebracht worden. Ihre Explikation führt wiederum in den Zusammenhang von Sexualität und Moral.
Die junge Frau geht beim Abenteuer eher routiniert zu
Werke – den Schuhknöpfler hat sie gleich mitgebracht –;
von Bravheit oder der eigenen Schande redet sie keineswegs, weil ihr die Moral hinderlich wäre, sondern weil sie
vielmehr integraler Bestandteil ihrer Verführungskunst ist.
So beteuert sie die Unmöglichkeit, dem Liebhaber am nächsten Tag in der Öffentlichkeit zu begegnen, in einer Weise,
daß ihr Kommen gewiß ist: ›Oh, ich werde nicht hinkom-
men. Was glaubst du denn? – Ich würde ja ... (sie tritt

völlig angekleidet in den Salon, nimmt eine Schokoladenbäckerei) ... in die Erde sinken.‹ Wesentlich ist ihrer Ver-
führungsstrategie die Allianz von Koketterie und Schamhaftigkeit. Nur scheinbar werden die Manöver, die sie un-
ternimmt, um zur Sache zu kommen, von Bemerkungen
über ihre Schande aufgehalten. Sie verführt ihn nicht sowohl mit der virtuosen Handhabung des erotischen Reper-
toires. ›Es ist hier so heiß‹, sagt sie einladend, und später:
›Man erstickt in diesem Zimmer‹. Schließlich nimmt sie, so
die Regieanweisung, eine kandierte Birne in den Mund und
›reicht sie ihm mit den Lippen‹. Überdies betont sie, daß sie
nie ein Mieder trägt. Zu ihrer Verführungskunst gehört zugleich, alternierend mit solchen Ermunterungen, die Be-
teuerung ihrer Tugendhaftigkeit. Denn an letzterer ist ihm
vor allem gelegen. ›Also jetzt hab ich‹, so resümiert er am
Ende der Szene, ›ein Verhältnis mit einer anständigen
Frau.‹

Daß die junge Frau kein Mieder trägt, gehört zu den Indi-
zien, die darauf verweisen, daß Schnitzler von Hogarths
Kupferstichfolge *Before and After* aus dem Jahre 1736 in-
spiriert wurde. Hogarths Darstellung *Before* verleiht dem
Sträuben des Mädchens Züge von Koketterie, indem sie neben der Attacke des Liebhabers ihr lange zuvor abgelegtes
Mieder ins Blickfeld rückt. Haben die Szenen des *Reigen*
mit *Before* vor allem die Verschränkung von Tugendhaftigkeit und Koketterie gemeinsam – Ronald Paulson spricht
von der ›ambiguous reluctance‹ des Mädchens –, so teilen
sie mit *After* vor allem die Ernüchterung und Hast des
Liebhabers nach dem Akt wie das Bitten der Frau zu bleiben. Zwar geht Hogarths Darstellung des erotischen sujets
im Grunde nicht über den Horizont der emblematischen
Verschlüsselung hinaus, wie sie in *Before* der eine Rakete
startende Cupido präsentiert, doch war ihre Frivolität dem
viktorianischen 19. Jahrhundert immerhin so anstößig, daß
die Hogarth-Editionen die beiden Kupferstiche zu unterdrücken begannen.

Die Anständigkeit der verheirateten Frau, die den jungen Herrn fasziniert, raubt ihm freilich zugleich die Potenz. Hatte er sich in der Szene zuvor, zu Hause im Liebesakt mit dem Stubenmädchen, also auf vertrautem geographischem und sozialem Terrain, als Herr der Lage gezeigt, so scheitert er als Novize: Er versagt, als er das erste Mal in einer gemieteten Wohnung einer verheirateten Frau seiner Schicht gegenübertritt. Sie erscheint ihm als ›anständige Frau‹, weil für ihn mit der sozialen Distinktion auch über die moralische entschieden ist. Die Eroberung einer anständigen Frau, die er seinem sozialen Status schuldig zu sein glaubt, läßt ihn ihre außereheliche Routine geflissentlich übersehen. Gerade die fixe Idee ihrer Anständigkeit aber führt zum sexuellen Versagen. Anders als das Stubenmädchen, dessen durch soziale und moralische Erniedrigung eigens hergestellte ›Dirnenhaftigkeit‹ ihm die Potenz sichert, betet er die anständige Frau wider bessere Einsicht an. Erst nach einer Pause, beim zweiten Versuch hat ihre Erfahrenheit dafür gesorgt, daß ihm die Anbetung gleichsam im Halse steckenbleibt. ›Emma ... meine ange...‹. Sein erster Gedanke nach dem Akt, ›Ah, bei dir ist der Himmel‹, läßt freilich nur auf eine vorübergehende Besserung schließen.

[...]

Wenn dem Dichter nichts so wichtig ist wie die Attitüde des Literaten, scheint freilich schwer erklärbar, daß es auch in dieser Szene zum sexuellen Akt kommt. So unablässig er auch schöngeistig auf das süße Mädel einredet, sowenig verliert er seine Triebwünsche aus den Augen. Die Dummheit, die er ihr nachweisen möchte, soll ihm keineswegs nur die Aura des Dichters herstellen, der unverständlich ist, sondern zugleich die Erniedrigung der Frau zum Sexualobjekt bewerkstelligen, ohne die keiner der Männer auskommt, die der *Reigen* vorführt. Die Äußerungen, die ihre Dummheit unter Beweis stellen sollen, doch nur die seine bezeugen, lenken nicht von seinem sexuellen Interesse ab, sondern gehören zur Strategie der Verführung. Die Bemerkung: ›Frei-

lich bist du so dumm. Aber gerade darum hab ich dich lieb‹, ist wörtlich zu nehmen.
[...]
›Frosch‹ ist nicht die einzige Kränkung, die sich der Dichter gefallen lassen muß. Mit einer Serie von Herabsetzungen – ›Grille‹, ›Kind‹, ›Frosch‹, ›Idiot‹, ›arroganter Hund‹ – wird ihm vielmehr die Lust an der Pose des Literaten so gründlich ausgetrieben, daß er zur profanen Identität seine Zuflucht nimmt. Die Schauspielerin treibt mit der Beliebigkeit höhnischer Bezeichnungen die vom Dichter gerade im Wechsel der Namen behauptete Unbestimmtheit des Künstlers so auf die Spitze, daß er sich gezwungen sieht, zum Vornamen zurückzukehren, den auszusprechen er dem süßen Mädel verwehrt hatte. Zur profanen Identität muß er sich darüber hinaus auch deshalb zurücksehnen, weil die Schauspielerin selbst ihm als Inkarnation künstlerischer Indetermination gegenübertritt. Denn für den Dichter jedenfalls bleibt ununterscheidbar, ob er einer emanzipierten Frau oder der Schauspielerin, die diese Rolle spielt, konfrontiert ist. Gerade das hätte er freilich gern gewußt.
Nicht nur spricht sie ihm das dichterische Talent schlankweg ab, auch seine Bemühungen, erlesene Metaphern in den Dienst der Verführung zu stellen, finden vor ihr keine Gnade:

DICHTER: Ich werde vor dem Fenster auf und ab gehen. Ich liebe es sehr, nachts im Freien herumzuspazieren. Meine besten Gedanken kommen mir so. Und gar in deiner Nähe, von deiner Sehnsucht sozusagen umhaucht ... in deiner Kunst wehend.
SCHAUSPIELERIN: Du redest wie ein Idiot ...
DICHTER (schmerzlich): Es gibt Frauen, welche vielleicht sagen würden ... wie ein Dichter.

Nicht besser ergeht es seiner Begeisterung fürs fromme Landvolk:

DICHTER: Was für ein hübsches Zimmer . . . und fromm sind
   die Leute hier. Lauter Heiligenbilder . . . Es wäre interes-
   sant, eine Zeit unter diesen Menschen zu verbringen . . .
   doch eine andre Welt. Wir wissen eigentlich so wenig von
   den andern.
SCHAUSPIELERIN: Rede keinen Stiefel [. . .].

Auch seine neoromantische Natur- und Sozialschwärmerei
überführt die Schauspielerin der Phrasenhaftigkeit. Ihre De-
mütigungen gelten dem Dichter allerdings nicht weniger als
dem Liebhaber. Nicht einen Moment gibt sie die Dramaturgie der Verführung aus der Hand. Sie erteilt ihm Befehle,
lockt ihn an, stößt ihn zurück. Augenscheinlich spielt sie gegenüber dem Dichter wie auch dem Grafen die Rolle des
Mannes. Dafür sprechen zwei Züge, mit denen sonst nur
die männlichen Figuren des *Reigen* ausgestattet sind: das
Angewiesensein auf die psychische Erniedrigung des andern als Bedingung der eigenen sexuellen Befriedigung und
der Verzicht auf emotionale Beziehungen über die sexuellen
hinaus. Ein weiteres Indiz dafür, daß Schnitzler die Schauspielerin den Part des Mannes spielen läßt, bietet aber auch
die Frage des gequälten Dichters: ›Was hab ich dir denn ge-
tan?‹ Es ist dieselbe, die – ebenfalls nach dem sexuellen Akt
– das süße Mädel dem Gatten stellt. Wie der Gatte mit dem
Mädchen, so springt die Schauspielerin mit dem Dichter
um, der in der Szene zuvor das Mädchen gedemütigt hatte.
Die Blödheit, an der er sich beim süßen Mädel ergötzen
wollte, wird ihm, ein Akt ausgleichender Gerechtigkeit, nun
selber vorgeworfen. Die Schauspielerin in der Rolle des
Mannes rächt gleichsam das süße Mädel für das, was der
Dichter ihm antat.
So sicher die Schauspielerin den männlichen Part beherrscht
und soweit sie sich aus dem Status der unterlegenen Frau
emanzipiert hat, so hoch ist indessen der Preis, den sie dafür
zu entrichten hat: die Unterwerfung unter männliche Normen. Nicht nur ist sie unausgesetzt dem berufsspezifischen
Tremolo verhaftet; vor allem bleibt sie in die Rolle des über-

legenen Mannes gebannt, auch wenn ihr erster Satz nach
dem Koitus das Gegenteil zu behaupten scheint: ›Das ist
doch schöner als in blödsinnigen Stücken spielen ... was
meinst du?‹ Denn sie sagt das nicht, um ihrer Befriedigung
Ausdruck zu verleihen, sondern um den Liebhaber zu ver-
höhnen: ›Ja, du bist ein großes Genie, Robert!‹ Wie unter
Zwang setzt sie die Erniedrigung des andern als Bedingung
eigener sexueller Befriedigung auch nach dem Koitus fort,
so als hätte er nicht stattgefunden, und emotionale Bedürfnisse kommen ihr erst gar nicht in den Sinn.

In der zwanghaften Fortsetzung der männlichen Rolle über
den sexuellen Genuß hinaus, der wie eine Unterbrechung
anmutet, gleicht sie unfreiwillig dem Dichter, der, vom sexuellen Akt mit dem süßen Mädel ganz ungerührt, mit der
Stilisierung seiner selbst beschäftigt bleibt. Der Preis dieser
Emanzipation ist die ungewollte Ähnlichkeit mit dem
männlichen Widerpart.

Am Dichter entlarvt die Schauspielerin die Pose des Literaten, am nächsten Liebhaber die des Mannes von Welt. Hier
wie dort kommt sie keinen Augenblick ohne den Habitus
der professionellen Schauspielerin aus, inszeniert sie die
Verführung als Theatercoup. Sowenig sie ihre Spielregeln
außer acht läßt, sowenig ist sie an der Person des Liebhabers interessiert; sie setzt ihn einem Wechselbad hämischer
Bezeichnungen aus – kleiner Philosoph, Verführer, süßes
Kind, Seelenverkäufer, Iltis –, redet ihn auch mit dem Titel,
doch niemals mit dem Namen an. Auf dem Höhepunkt der
Verführung ist auch die Demaskierung des in den Konventionen seines Standes erstarrten und sich an sie klammern-
den Grafen gelungen. Ziel der Verführung ist nicht so sehr
ihre eigene Lust als die Bloßstellung des Mannes als ›ju-
gendlicher Greis‹. Hinter der Pose müder Gleichgültigkeit
kommt zum Vorschein, was sie ihm auf den Kopf zusagt:
daß er Angst vor ihr habe. Die vermeintliche Sehnsucht
nach ihrer problematischen Natur läßt vor allem sein Problem erkennen; er ist an einem Abenteuer mit ihr interes-

siert, ohne die ihm gewohnten und unverzichtbaren Bedingungen vorzufinden. Die Bedenken, die er gegenüber ihrem Angebot zur Geltung bringt, verdeutlichen nur, was ihn bedrängt. Es geht ihm nicht um die Einzigartigkeit der Liebesbeziehung, wenn er das auch behauptet – ›man soll sich nicht leichtsinnig von vornherein was verderben, was möglicherweise sehr schön sein könnte‹ –, vielmehr um die Alltäglichkeit der Bedingungen, ohne die ihm kein Abenteuer möglich ist. Es sind die gleichen, die auch bei seiner anderen Geliebten erfüllt sein müssen: Stimmung, Souper, Fahrt nach Hause; erst dann ›liegt das in der Entwicklung der Dinge‹. Die Schauspielerin, die ihn ›Poseur‹ nennt, durchschaut die Redensarten des Kavaliers als Versuche, aus Angst vor ihrer aggressiven Sexualität zur Vornehmheit seines Standes Zuflucht zu nehmen. Während er sich seiner Lebensart zu versichern sucht, diktiert die Schauspielerin ihm unbarmherzig ihre Bedingungen, nach denen der Akt denn auch erfolgt. Auch der Anweisung zum nächsten Rendezvous kann er sich nicht widersetzen. Die Verführung wird von ihr als Kampf bestritten, den der Graf nicht gewinnen kann.

›Graf (wehrt sich nicht mehr)‹, lautet die Regieanweisung, bevor der Vorhang fällt. Und auch der Abschied ›Adieu, Steinamanger!‹ bezeugt ihren Triumph. Er verweist den Tiefsinn des Grafen über das Glück, die Liebe und die Seele in die tiefste ungarische Provinz, und zwar so, als wäre die Schauspielerin sein Vorgesetzter.
[...]
Heftigkeit und nicht Leidenschaft ist das Signum ihres Rollenverhaltens. Die Emanzipation bezahlt sie mit dem Zwang zur Aggressivität, der ihr nicht ein Abenteuer, aber dauerhafte Liebesbeziehungen verwehrt. Insofern ist nicht der Graf, sondern sie das Opfer. In der Schauspielerin nehmen die Anstrengungen Gestalt an, die Frauen aufzubieten hatten und immer noch aufbieten müssen, um ihrer psychischen wie sozialen Unterlegenheit in der patriarchalisch ver-

faßten Gesellschaft zu entgehen. Die Spuren dieser An-
strengung bleiben dem Sozialverhalten der Schauspielerin
auch dort eingezeichnet, wo sie scheinbar nichts zu befürch-
ten hat.
[...]
Die Erhebung der Dirne, ihre ›Rettung‹, auf deren Bedeutung für die Objektwahl des Mannes Freud aufmerksam gemacht hat, scheint Züge des Mitleids zu tragen. Teilnahms-
voll erkundigt sich der Graf nach ihrer Karriere, rät ihr, das
›schauderhafte Leben‹ aufzugeben und zu heiraten. Doch ist
er an ihr selbst nicht im mindesten interessiert. ›[...] jetzt
bitt ich dich aber sehr, red gar nichts, eine Minute wenigstens ... (Schaut sie an) Ganz dasselbe G'sicht, ganz dasselbe G'sicht. (Er küßt sie plötzlich auf die Augen.)‹ Der
Kuß auf die Augen ist an die Bedingung ihrer Stummheit,
ihrer Gesichtslosigkeit geknüpft, die sie auswechselbar machen. Die Geste der Zuneigung erfordert gerade die Annul-
lierung ihrer Individualität, denn sie gilt einer andern. Was
darüber hinaus wie Mitleid mit der Dirne aussieht und was
dazu veranlaßt hat, den Grafen als die »menschlichste« unter den männlichen Figuren des *Reigen* zu bezeichnen, dient
nur der Beruhigung seines schlechten Gewissens. Sein Mitleid ist eine subtile Form der Entrüstung. Daß diese Be-
schwichtigung mißlingt, ist das Verdienst der Dirne.
Schnitzler läßt die Figur mit dem schlechtesten Ruf und
dem geringsten sozialen Rang die Demontage bürgerlicher
Heuchelei betreiben. Die mitleidvolle Anmahnung bürgerlicher Ehrbarkeit, die für sein schlechtes Gewissen gut ist,
ist für sie nicht von Belang. Sie hat kein Bewußtsein ihres
Elends und läßt sich vom Grafen auch keines einreden. Sie
fürchtet nicht den tieferen Fall, sondern setzt auf den sozialen Aufstieg, den Umzug des Bordells aus der Vorstadt in
die Stadt, in den I. Bezirk. Auf dem Hintergrund des Avan-
cements der Dirne zeichnet sich mit besonderer Schärfe der
soziale Abstieg des Grafen ab, den sein Titel zwar nach den
Normen der k. u. k. Monarchie in die Innenstadt verweist,

ohne ihn doch vor dem Scheitern auch einer militärischen Karriere in entlegenen ungarischen Garnisonsstädten bewahren zu können. Die Verführung des Grafen durch die Schauspielerin wie durch die Dirne geschieht wider seinen Willen. In beiden Fällen akzeptiert er die Bedingungen, die ihm gestellt werden. Selten wohl ist auf so lakonische Weise dem ersten Stand der Donaumonarchie der endgültige Abschied vorausgesagt worden.

[...]

Daß sprachliche und mimetische Ersatzhandlungen den sexuellen Akt in einer Weise vorwegnehmen, daß sich seine Darstellung erübrigen kann, braucht nur an einigen Beispielen illustriert zu werden. Es sind Beispiele, an denen zugleich deutlich wird, daß die ästhetische Darstellung der Sexualität diese nicht apriorisch auch zum Verschwinden bringen muß.

In der Erklärung der jungen Frau, sie trage nie ein Mieder, er könne ihr aber die Schuhe aufknöpfen, und in der Regieanweisung ›knöpfelt die Schuhe auf, küßt ihre Füße‹, ist ihre Hingabe, aber um den Preis seiner Unterwerfung antizipiert, und wenn die Schauspielerin den Grafen auffordert, ›So schnallen Sie doch wenigstens Ihren Säbel ab!‹, und er dieser Aufforderung nachkommt: ›Wenn es erlaubt ist. (Schnallt ihn ab, lehnt ihn ans Bett)‹, so ist unmißverständlich, daß dies nicht ihre letzte Maßnahme ist, seiner Senilität auf die Sprünge zu helfen.

›Du bist schön‹, sagt der Dichter nach dem Koitus zum süßen Mädel, indem er ihre Nacktheit im Schein einer Kerze betrachtet, ›du bist die Schönheit, du bist vielleicht sogar die Natur, du bist die heilige Einfalt‹. Das süße Mädel erwidert: ›O weh, du tropfst mich ja an! Schau, was gibst denn nicht acht!‹ Nicht oft ist das literarische Geschwätz von Schönheit, insofern es Triebwünsche ohne Rücksicht auf die Befürchtungen der Frau verbergen soll, so gründlich entlarvt worden. Was er im Sinn hat, gibt nicht der Schwall von Phrasen, sondern die tropfende Kerze zu erkennen.

Kaum des Kommentars bedarf auch die Sexualsymbolik zu
Beginn der Szene zwischen dem Gatten und dem süßen
Mädel:

GATTE (raucht eine Havannazigarre, er lehnt in der Ecke des
    Diwans).
DAS SÜSSE MÄDEL (sitzt neben ihm auf dem Sessel und löffelt
    aus einem Baiser den Obersschaum heraus, den sie mit
    Behagen schlürft).

Man muß sich nicht eigens in der Wiener Konditorkunst
auskennen, um zu sehen, daß das Backwerk und was sie mit
ihm anstellt, mit jenem französischen Verb assoziiert sind,
das nicht erst heute mehr als Küssen bedeutet. Und schließlich ist an die kandierte Birne zu erinnern, die die junge
Frau vor dem Liebesakt ›in den Mund [nimmt]‹ und ›ihm
mit den Lippen [reicht]‹ – es ist die Parodie auf sein lar-
moyantes Gerede, daß das Leben ›so leer, so nichtig‹ sei.
Unschwer ist in der Darreichung der kandierten Birne auch
für den, der die berühmte Szene aus Tony Richardsons *Tom
Jones*-Verfilmung nicht gesehen hat, die Antizipation sexueller Genüsse zu erkennen, die mit Koitus zu umschreiben
sichtlich phantasielos wäre.
Augenscheinlich steht nun solche ästhetisch gelungene und
wohl auch lustvermittelnde Darstellung von Sexualität im
Widerspruch zu der Tatsache, daß alle am *Reigen* Beteiligten die Beziehungen als unbefriedigend erfahren, daß gerade diese Erfahrung den Stillstand des Reigens verhindert
und die Figuren zur nächsten Runde fortschreiten läßt. Vieles spricht dafür, daß die Darstellung eben dieses Wider-
spruchs als Widerspruch zu den wichtigsten Intentionen
Schnitzlers gehörte. So selbstverständlich alle Figuren sexuelle Beziehungen wünschen und gewähren, so unaufhaltsam
geht der Reigen fort, suchen sie Glück bei einem andern.
Die Intimität der sexuellen Akte beseitigt nicht die Anonymität der Partner, sondern läßt ihre Fremdheit noch schärfer hervortreten. Wenn dies alle Figuren erfahren, einzig

aber die Frauen zum Ausdruck bringen, so deshalb, weil sie in der Gesellschaft, die der *Reigen* darstellt, die sozial wie psychisch Unterlegenen sind. Sieht man von der Schauspielerin und der jungen Frau in ihrer ersten Szene ab – beide spielen dort weitgehend die Rolle des Mannes –, so werden die Frauen spätestens mit der Ernüchterung nach dem Akt von den Männern als Sexualobjekte behandelt, mit denen man nichts mehr zu schaffen haben möchte.

[...]

So kommt Schnitzlers *Reigen* nicht zum Stillstand. Was einzig ihn zum Stillstand bringen könnte, befriedigende menschliche Beziehungen, hält ihn, da sie unerreichbar scheinen, in Gang. Die Provokation, die der *Reigen* zumindest für die Zeitgenossen bedeutet hat, besteht vor allem in der Regelhaftigkeit, in der der Wechsel von Liebesbeziehungen vonstatten geht. Ihr liegt das von Illusionen freie Urteil zugrunde, daß es wohl individuelle Glückserwartungen gibt, aber keine Aussicht, sie unter den gegebenen Verhältnissen einzulösen. Nachhaltig sperrt sich das Drama im übrigen gegen Deutungsversuche, die ihm mit der Behauptung vom Verdikt der Triebsphäre einen Teil seines provokativen Charakters nehmen wollen. Nicht sexuelle Obsessionen, das so genannte Ausgeliefertsein des Menschen an seine animalische Natur, führt zum Reigen, der mit dem späteren die Herabsetzung des früheren Partners betreibt. Vielmehr können *auch* die sexuellen Beziehungen, die der herrschenden Moral zum Trotz allen unverzichtbar sind, an der Fremdheit, in der die Figuren einander begegnen, nichts ändern. Symptomatisch dafür ist der Wechsel der Anrede von ›Sie‹ zu ›Du‹ während der Präliminarien und die Rückkehr zum ›Sie‹ nach dem Akt oder das Verschweigen der Identität, gleich ob durch Nennung eines Namens, durch Namenlosigkeit oder die Wahl eines Pseudonyms.

Ebenso wie in der zyklischen Gestalt des Dramas findet die Regelhaftigkeit des Liebesreigens ihren Ausdruck in der Verwendung sprachlicher Klischees durch die, die an ihm beteiligt sind. So oft die Frage, ob man denn geliebt werde, oder jene nach der Vergangenheit des andern auch gestellt wird, jedesmal ist sicher, daß die Antworten nicht ernsthaft geglaubt werden. Gleichwohl kann kaum einer darauf verzichten, sie zu stellen. Das unvermeidliche Reden in Klischees bezeugt, daß alle Figuren demselben Verhaltenskodex unterworfen sind auch dann, wenn sie ihm auf unterschiedliche Weise folgen und sich im jeweiligen sozialen Idiom artikulieren. Dem Stubenmädchen ist die Frage an den Soldaten: ›Sag, Franz, hast mich gern?‹ so unverzichtbar wie der jungen Frau die an den jungen Herrn: ›Haben Sie mich denn lieb, Alfred?‹

[...]

Die Reihenfolge der Szenen folgt strikt den sozialen Möglichkeiten, über welche die Figuren im einzelnen verfügen. So tritt der Soldat mit der Dirne und dem Stubenmädchen, nicht aber mit der jungen Frau in Beziehung. Wenn das Schauspiel zur Dirne zurückkehrt, von der es seinen Ausgang genommen hat, so spricht auch das für die Regelhaftigkeit, in der nach Schnitzlers Wahrnehmung im Wien der Jahrhundertwende Liebesbeziehungen zustande gekommen sind, nicht ohne weiteres aber auch für die Kreisstruktur als dramatische Form. Die geläufige Beschreibung des Stücks als Kreis oder Karussell, die Schnitzlers Titel ›Reigen‹ nahezulegen scheint, geht wie selbstverständlich von seiner Geschlossenheit aus. Indessen wird dabei zum einen übersehen, daß die letzte Szene zwar zur Dirne zurückkehrt, sie aber im Vergleich zur ersten als eine andere präsentiert; zum andern, daß am Ende nicht wieder die Konstellation Dirne – Soldat steht. Und ob man sich diese Konstellation als die nächste, die elfte, wird denken dürfen, ist keineswegs ausgemacht.«

R.-P. J. / Klaus Laermann: Arthur Schnitzler. Zur Diagnose des Wiener Bürgertums im Fin de siècle. Stuttgart: Metzler, 1977. S. 56 f., 57 f., 59, 60–62, 64, 65–68, 70, 71–73, 73 f., 74. – © 1977 Verlag J. B. Metzler, Stuttgart.

Ursula Keller unter den Überschriften »Der vergesellschaftete Eros« und »Die Vielfalt des Immergleichen«:

»Was da als Immergleiches im *Reigen* wiederkehrt, von einer subtilen Dramaturgie als gleichförmig suggeriert wird,
kann sich nur dem unhistorischen Blick darstellen als der
Triumph der puren Biologie über das Gesellschaftliche, als
der ewig-unveränderliche Eros, der die sozialen Unterschiede vorübergehend suspendiert. Mehr als die nivellierende Kraft des Begehrens interessiert Schnitzler seine
vergesellschaftete Gestalt: die ritualisierten Gesten und
Sprachspiele des Vorher und Nachher ebenso wie die gesellschaftlich verordnete Sprachlosigkeit des Sexuellen, die sich
nichts/vielsagend hinter Gedankenstriche zurückgezogen
hat – und darum umso präsenter ist in allem Gesagten. Was
die Zwänge und Konventionen einer repressiven Sexualmoral dem Begehren antun, wird an den Ritualen des erotischen Gesellschaftsspiels ablesbar: an der brutalen Beiläu-
figkeit, in der die käufliche Liebe eingeleitet und vollzogen
wird, an den Koketterien und Scheinwiderständen, zu denen rigide geschlechtsspezifische Normen die Stubenmädchen, die süßen Mädln und die jungen Frauen immer wieder
zwingen, und an der Frivolität, der plötzlichen Abgebrüht-
heit und Vulgarität, in der das Verdrängte sich Geltung verschafft. Genauestens abschattiert in der sozialen Diktion
sind es doch die immergleichen Floskeln, die da stereotyp
wiederkehren und die permanente Präsenz gesellschaftlicher
Kontrolle im Privatesten signalisieren:
›So sein S' nicht so keck – aber pst, wenn wer kommen tät!‹
(II),
›Aber, Herr Franz, bitt Sie, um Gottes willen, schaun S',
wenn ich das . . . gewußt . . . oh . . . oh . . . oh . . . komm! . . .‹
(II),
›Oh Gott, Alfred, warum haben Sie mich dazu verleitet.‹
(III),
›Nein, nein, nein, ich darf nicht zum Bewußtsein kommen

... Sonst müßt ich vor Scham in der Erde versinken.‹ (III),

›Aber, aber, schau, aber Karl ... und wenn wer hereinkommt ... ich bitt dich ... der Kellner.‹ (VI),

›Sag mir lieber, wo du mich dahingeschleppt hast, Verführer!‹ (VIII),

›... ich hab immer so die Empfindung, als könnte die Tür aufgehen ...‹ (XI).

In allen Szenen des *Reigen* wird jene doppelbödig-vieldeutige, an ›Unaussprechlichem‹ so reiche Sprache der Verdrängung gesprochen, wie sie die von Freud beschriebene Dichotomie von Madonna und Hure zwangsläufig hervorbringt. Seismographisch genau registriert diese Sprache die halblauten Botschaften aus dem ›dunkle(n) Kellergewölbe ...‹, über dem sich mit makellos blendender Fassade der Prunkbau der bürgerlichen Gesellschaft erhebt‹ [Stefan Zweig, *Die Welt von gestern*].

Exemplarisch geradezu artikuliert sich der Konflikt zwischen sexuellem Verlangen und gesellschaftlich verhängter Verdrängung in den beiden Szenen mit der jungen Frau: ein brillant gehandhabtes Sprachspiel, das die eigentliche Bedeutung der Worte erst in ihrem an den Wiener Kontext gebundenen Gebrauch hervortreibt. Das ›Unaussprechliche‹, hier die gesellschaftlich nicht zugelassene Entfaltung weiblicher Lust, ist, eben weil es aus der Sprache ausgegrenzt ist, in allem Gesagten/Sagbaren umso ›präsenter; es zeigt sich am Satze‹, was der Satz nicht aussprechen kann – nicht im Wien der Jahrhundertwende!

›Ich denke doch‹, unterweist der Gatte, der sich vielseitig umtut, seine junge Frau, die direkt aus den Armen ihres Liebhabers kommt, ›daß solche Wesen (die untreuen Frauen, U. K.) von Natur aus bestimmt sind, immer tiefer und tiefer zu fallen. Da gibt es kein Aufhalten!‹

DIE JUNGE FRAU: ›Offenbar fällt es sich ganz angenehm.‹
DER GATTE: ›Wahrhaftig – sie bezahlen das bißchen Glück
    ... das bißchen ...‹

DIE JUNGE FRAU: ›Vergnügen.‹

DER GATTE: ›Warum Vergnügen? Wie kommst du darauf, das Vergnügen zu nennen? ... (...) Man liebt nur, wo Reinheit und Wahrheit ist.‹ (V)

Und noch eins verraten die erotischen Vergesellschaftungs-muster in *Reigen*: wie radikal die Freudsche Entdeckung des Unbewußten und der Libido die Frau ins Zentrum der Männerphantasien rückt. Das ›Weib‹ heißt das um 1900, und ›das Weib ist ein Rätsel‹ (Freud). Dunkel, fremd und vieldeutig wie das vielbeschworene ›Leben‹ wird sie zum ›dark continent‹ (Freud), über dem eine überzivilisierte, de-kadente Kultur ihre Projektionen errichtet. Inbegriff einer undomestizierten Geschlechtlichkeit ist sie, eine perma-nente Herausforderung, eine Irritation für die Kultur. Man umkreist sie, man deutet sie, man erniedrigt sie, man ver-herrlicht sie, man analysiert sie – aber man entkommt ihr nicht um 1900. Das ganze Unbehagen an der Kultur kristal-lisiert sich am ›Rätsel Weib‹. Bilder über Bilder, aufgestiegen aus dem Kellergewölbe einer allzulange vernunftshörigen, lustfeindlichen Gesellschaft: das hirnlos-sinnliche Weib, die angebetete Hetäre, die verschlingende Nymphomanin, das verdorbene Kindweib und – die unbefriedigte Gattin, die hysterische Mondaine, das unberührbar-zerbrechliche Mäd-chen. Doch ob Madonna oder Hure, ob ›femme fatale‹ oder ›femme fragile‹, darüber entscheiden einzig und allein die sexuellen Phantasien und Ängste des Mannes. Er ist die Quelle all dieser erotisch-nervösen Projektionen. Hinter den vielen Bildern die Frau bleibt stumm, spricht sich nicht selbst, spricht nicht von ihrer ganz anderen Lust. Sie ist die stumme, nachgiebige Materie, die sich unter den wechseln-den Blicken des Mannes immer neu modelliert. Dämoni-siert, verklärt, aufgebläht von den Wünschen der Männer steht sie auf dem Podest, das eine erotomane Epoche ihr er-richtet hat.

Der Dichter versichert der ihn völlig verunsichernden Schauspielerin: ›... Du bist eine Welt für sich ... Du bist das Göttliche, du bist das Genie, du bist eigentlich die heilige Einfalt ...‹ (VIII) und dem süßen Mädel: ›Göttlich, diese Dummheit!‹ und: ›Du bist schön, du bist die Schönheit, du bist vielleicht sogar die Natur, du bist die heilige Einfalt.‹ (VII)

Durch die zirkulierenden Bilder und Klischees hindurch aber enthüllt die Mechanik des Reigens ihre unbarmherzige Gestalt: wo jeder jeden funktionalisiert und jeder gegen jeden austauschbar ist, erscheinen alle Begegnungen beliebig und alle Konstellationen zufällig. Die abwesenden ›Anderen‹, gegen die die erotischen Protagonisten jederzeit ausgetauscht werden können, sind denn auch ständig präsent. Gefürchtet, beschworen, erwartet zirkulieren sie schattenhaft neben den Akteuren. Die kaum noch bewußte Sehnsucht nach Einzigartigkeit hat sich längst der nivellierenden Macht des Tausch gebeugt: ›Freilich, ich weiß schon, jetzt kommt die Blonde mit dem schiefen Gesicht d'ran!‹ (II)

In den permanenten Verweisen auf identische oder ähnliche, auf vorausgegangene oder zukünftige Abenteuer öffnet sich die formal so geschlossene Reigenstruktur nach außen. So wird suggeriert, daß jede Szene Teil eines neuen Reigens sein könnte und daß dieser ästhetisch sedimentierte nur Teil eines universelleren gesellschaftlichen Reigens ist. Die Tauschgesellschaft hat die ›Zirkulation des Begehrens‹ (H. Cixous) fest im Griff.

Das gibt den auf das kreiselnde Karussell fixierten Figuren jene fast atemlose Eile, die Angst verrät: Angst vor dem Stillstehen, Angst davor, sich selbst ins Gesicht zu schauen, hinter der schillernden Oberfläche den Totenkopf zu entdecken. So als ob jeder genau wüßte, daß er in Bewegung bleiben muß, weil Stehenbleiben den Tod bedeuten könnte. Und so nimmt der muntere Reigen lustbeflissen-leichtsinniger Wiener Teil am kollektiven Walzer, den die untergehende fin-de-siècle-Metropole um ihre eigne leere Mitte' herum tanzt.

[...]

Im geschichtsblinden Wiener Alltag sind denn auch unschwer die Symptome auszumachen, die sich solcher Verdrängung verdanken. Die privaten Hypochondrien und Ängste, die nervösen Depressionen, die Schwindelgefühle und Todesahnungen der ›leichtsinnigen Melancholiker‹ werden unter dem diagnostischen Blick Schnitzlers lesbar als Zeichen einer kollektiven Neurose.

Bis hinein in die kleinsten und intimsten Gesten lassen sich die Spuren der großen habsburgischen Verdrängung verfolgen: die scheinbar so schwerelos – spielenden ›Gebärden‹ des erotischen Ringelspiels tragen die Signatur des Habsburger Syndroms ebenso wie die geschichtsblinden Spiele der Akteure im *Grünen Kakadu*. Das gibt ihnen jene unaufdringlich-beiläufige Repräsentanz, die das Geheimnis der Schnitzlerschen Dramaturgie ist.

Amalgamiert und ästhetisch verdichtet haben sich in diesem Verfahren drei sehr wienerische Faktoren: der Zustand einer Epoche, in der die großen Dinge unwichtig und die kleinen wichtig geworden sind; die (nicht nur) individuelle Disposition Schnitzlers für die kleine Form – Wien ist nicht zufällig die Hochburg dieser Form! –; und der diagnostische Blick des Arztes für die kleinen, unscheinbaren Symptome großer Krankheiten, der am trügerischen Wien geschärfte Röntgenblick. Nur im politischen und geistigen Klima des Wien von 1900 kann sich ein solches ästhetisches Verfahren so konsequent entfalten – und verstanden werden! Nur dort, wo man ahnt oder weiß: ›im Licht der untergehenden Sonne werfen auch die kleinsten Dinge große Schatten‹ [Alfred Polgar].

So wie Schnitzler in der kleinen Form die große Auflösung registriert und die kleinen Dinge große Schatten werfen läßt, so läßt er den Zustand seiner Epoche wie ein Weichbild auftauchen hinter seinen Figuren, ohne ihn jemals zu benennen: ein Teil seines Geheimnisses ist die strikte Immanenz seiner Technik. Indem er sich restlos auf den Bewußtseinsstand seiner Figuren einläßt, rekonstruiert er den

Gesellschaftskörper, der solches Bewußtsein produziert, gleichsam von innen heraus. In der minutiösen Aufzeichnung der Klischees und Floskeln der Reigen-Akteure dokumentiert er durch die Deformation der Sprache hindurch ihren Wirklichkeitsverlust – auch darin sehr wienerisch und sogar seinem Gegner Kraus verwandt!

Wie sich die Figuren des *Reigen* auf ihr niemals explizit benanntes Ziel zubewegen, wie sie ausklammern, was sie hindert, überhören, was ihnen zu nahe kommt, lügen, wo es ihnen nützt und sich abwenden, wo sie ihr Ziel erreicht haben – das läßt den desolaten Zustand menschlicher Beziehungen schärfer hervortreten, als jedes aufgeklärte Räsonnement einer Figur, an die die ›Botschaft‹ delegiert ist, es je könnte. Daß diese konsequent gehandhabte ›Aussparungstechnik‹ eine sehr indirekte Form gesellschaftlichen Einspruchs ist und Mißverständnisse en masse provoziert, liegt nahe. Sie macht es den Anhängern expliziter Botschaften leicht, die Vorgehensweise Schnitzlers mit seiner Einstellung zur Wirklichkeit zu verwechseln und den Autor mit seinen Figuren.

Die Vielfalt des Immergleichen

Was die Repräsentanz der Figuren garantiert, ohne ihren eingeengten Bewußtseinshorizont verlassen zu müssen, ist der Schnitzlersche Röntgenblick auch auf den Menschen. So wie Musil von sich sagt, daß ihn nicht ›die reale Erklärung des realen Geschehens‹ interessiert, sondern das ›geistig Typische, ... das Gespenstische des Geschehens‹, so fasziniert Schnitzler mehr der ›Fall‹ als der ›Mensch‹. Doch – durch das Individuelle hindurch immer das Typische, ›in jedem Gesicht den Todtenkopf‹ sehen zu müssen, betrachtet er als Krankheit: ›... diese miserable Zwangsvorstellung, mit der ich aus allem das typische herausfassen muß, was ja natürlich vernichtend ist‹.

Wenn es aber eine Krankheit ist, dann ist es eine zeitgenössische! – ebenso zeitgenössisch/wienerisch wie die von

Schnitzler beklagte ›Perfectomanie‹. Sie verdankt sich der desillusionierenden Erfahrung von der realen Ohnmacht des Individuums, das sich um 1900 so emphatisch feiert, so selbstherrlich geriert, als wäre sein Zerfall und seine Erstarrung im Typus dadurch aufzuhalten. Anatol und sein Autor partizipieren zwar an diesem ebenso euphorischen wie defensiven Besonderheitskult, er verstellt ihnen aber nie ganz den Blick auf das Typenhafte der allzu selbst-herrlichen Individualisten des fin de siècle.

A: ›Dort in der ›kleinen Welt‹ gibt's ja keine speziellen Fälle
– eigentlich auch in der großen nicht . . . Ihr seid ja alle so
typisch!‹
G: ›Mein Herr! Nun fangen Sie an –‹
A: ›Es ist ja nichts Beleidigendes – durchaus nicht! – Ich bin
ja auch ein Typus!‹
G: ›Und was für einer denn?‹
A: ›Leichtsinniger Melancholiker!‹
G: ›. . . Und . . . und ich?‹
A: ›Sie? – ganz einfach: Mondaine!‹
G: ›S . . .! . . . Und sie!?‹
A: ›Sie . . .? Sie . . ., das süße Mädl!‹

Das liest sich wie der Teil einer Typologie zum *Reigen*! Und da, im thematisch reduziertesten und ästhetisch rigidesten der Zyklen, stößt Schnitzlers Röntgenblick – indem er hinter dem immer weniger möglichen Individuellen das Typische auftut – auf das gesellschaftlich Abstrakteste: das rotierende Karussell.
[. . .]
Ob Karussell, Marionettentheater oder Puppenspiel, das übergeordnete Allgemeine, das die Bewegungen der Individuen nach seinen Gesetzen koordiniert, ist – ohne je thematisch zu sein – allgegenwärtig. Präsenter als in dem, was es den Individuen antut, kann es nicht sein. Wo das vereinzelte Besondere der Übermacht des Allgemeinen ausgesetzt ist, da stößt der analytische Blick in den Tiefen des Einzelnen

auf die nivellierende Signatur des Ganzen. Im stagnativen Kontext des Wien von 1900 muß das zerfallende, kernlose, unrettbare Ich, das die flottierenden Elemente um kein Ich-Zentrum mehr zu gruppieren vermag, zum Typus erstarren.

Doch nirgends bei Schnitzler triumphiert das Allgemeine so rückhaltlos über das Einzelne wie im *Reigen*: die Rotation des erotischen Karussells, das Repräsentative des sozialen Spektrums, die durch die Konvention ritualisierten Denkfiguren und Handlungsmuster, die durch die kollektive Verdrängung gezogenen Grenzen des Sagbaren, die Zerstörung der Einzigartigkeit in den Ritualen des Tauschs – was sich da lüstern und leichtsinnig im Kreise dreht, ist die gespenstische Komparserie einer Epoche, die auf der Stelle tritt.

Verdankt sich aber das Typische der *Reigen*-Figuren der äußerst kalkulierten ästhetischen Variation des Immergleichen, so gibt die strikte Immanenz seiner Technik ihnen eine verblüffende Lebendigkeit und Authentizität – sie sind beileibe keine papierenen Abstraktionen! Die Schnitzlersche Dramaturgie ist der Schauplatz des denkbar raffiniertesten Ineinanders von Reduktion und Vielfalt und eben darin die präziseste Spiegelung des Habsburger Musters. ›In gleichförmiger Wiederholung erscheinen verwandte Begegnungen und Situationen, Motive und Themen; eine bestimmte soziale Atmosphäre bildet sich um eigentümlich wiederkehrende Bewußtseinszustände und Gefühlslagen. Dennoch repräsentieren diese begrenzten Elemente die Wiener Epoche zwischen 1890 und dem ersten Weltkrieg derart charakteristisch, daß man sie unbedenklich heute schon die Schnitzlerwelt nennen kann‹ [Gerhart Baumann].

Auch im *Reigen* ist das »Gespenstische des Geschehens« verborgen an der Oberfläche. Nirgendwoanders ist es aufzusuchen als mitten in der Fülle der Details und der Vielfalt der ›spielenden Gebärden‹. Sorgsam abschattiert die sozialen Idiome, genauestens unterschieden die Strategien und

legitimatorischen Volten, alle Nuancen der Koketterie und
des Sich-Hinhaltens, feinste Abstufungen im Interieur und
im Ambiente, differenziert auch die verschiedenen erotischen Diktionen, von brutaler Direktheit, frivolem Zynismus und lüsterner Verlogenheit bis zu naivem Leichtsinn,
stilisierter Ekstase und dekadenter Diskretion – der Fundus
an Gebärden im *Reigen* scheint unerschöpflich. Und doch
denken, tun und wollen alle dasselbe, gehorcht jeder auf
seine Weise der Konvention, sind alle von der gleichen Un-
fähigkeit, Nähe herzustellen und zärtlich zu sein ohne
Zwecke.«

U. K.: Böser Dinge hübsche Formel. Das Wien Arthur Schnitzlers. Berlin/Marburg: Guttandin &
Hoppe, 1984. S. 182–185, 186–189, 189 f.

Johanna Bossinade:

»Der Soldat und der Graf stehen durch die Vermittlung der
Dirne Leocadia in einem merkwürdig versetzten Spiege-
lungsverhältnis zueinander. Während der Soldat mit der
Dirne verkehrt ohne zu zahlen, bezahlt sie der Graf, ohne
mit ihr verkehrt zu haben. Die eine Situation eröffnet, die
andere beschließt das Stück. Beide Situationen betonen den
Objekt-Status der Frau (ihre ›Käuflichkeit‹), und dieser
wiederum schließt in beiden Fällen eine engere Beziehung
der Männer zu ihr aus. Soldat wie Graf begegnen der Dirne
(mindestens) mit Mißtrauen. Eine engere Beziehung ist
aber auch zwischen den beiden Männern selbst nicht möglich, und das trotz – oder wegen – ihrer Einbindung in das
gleiche männlich-militärische Kollektiv. Von ihrem unterschiedlichen sozialen Status sehen wir einmal ab. Die Dirne,
die als Objekt ihres Handelns eine Vermittlung zwischen
ihnen herstellt, trennt sie aufgrund der gleichen Funktion,
und zwar über das ganze Stück hinweg. Die Lage der Männer ist also höchst paradox. Sie sollen einerseits Frauen begehren, ohne sie – sofern sie ihnen als bloße ›Objekte ihres
Handelns‹ erscheinen – lieben zu können; sie sind anderer-

seits und zugleich dem ›double bind‹ der soldatischen Männer (oder gar der Männer in von Männern dominierten Gesellschaften überhaupt) ausgesetzt, nämlich dem: ›Du sollst
Männer lieben, darfst aber nicht homosexuell sein.‹
[...]
Der Gatte hat der jungen Frau soeben seine sexuelle Zurückhaltung in krud marktgesetzlicher Argumentationsweise als eine nutzbringende Verknappung der Mittel erklärt; nur lange ›Freundschaftsperioden‹ könnten die Ehe
lebendig erhalten. Die junge Frau deutet die Zeichen richtig:

> Und jetzt ... scheint also wieder eine Freundschaftsperi
> ode abgelaufen zu sein –?

Der Konjunktiv ›dürfte‹, mit dem der Gatte in der nun folgenden Dialogsequenz seinen Anspruch auf die sexuelle
Verfügbarkeit der Frau bildungssprachlich verbrämt, findet
in der Replik der Frau ein Echo – aber keine Entsprechung.
Um diese mangelnde Entsprechung geht es.

> DER GATTE (sie zärtlich an sich drückend): Es dürfte so sein.
> DIE JUNGE FRAU: *Wenn es aber ... bei mir anders wäre.*
> (Hervorh. von mir.)

In den bürgerlichen Familien der Romane des 19. Jahrhunderts wird über alles mögliche gesprochen, n i e jedoch über
die Möglichkeit einer radikalen Änderung des Lebens.
Diese Möglichkeit kommt hier zur Sprache. In der Erwägung der jungen Frau lassen sich jene Entwicklungslinien
zusammendenken, die wir im zeitgeschichtlichen Kontext
bis zur Jahrhundertwende verfolgt haben: die Entdeckung
einer ursprünglich unzentrierten Libido; die Entdeckung
des schwerwiegenden Konflikts zwischen dem unbewußten
Wunsch von Frauen und den Normen des weiblichen Kulturideals; die Entfaltung der gesellschaftlichen Kämpfe von
Frauen um Einfluß auf die Gestaltung des Geschlechterverhältnisses. ›Müssen Frauen so sein, wie sie sind, und könn-

ten sie nicht ganz anders sein?‹ fragte Hedwig Dohm bereits
1876.
Doch wie im historischen Kontext solche Entwicklungen,
Fragen und Erwägungen mit anderen – gegenläufigen –
Tendenzen kollidierten, stößt auch die Erwägung der jungen Frau auf erheblichen Widerstand. Weder der Bühnenfi-
gur noch uns wird viel Zeit gegönnt, ihrem ›ungeheueren
Hof von Implikationen, Wirkungen, Nachklängen, Wendungen . . .‹ (Barthes) nachzusinnen. (Wir erinnern uns, daß
es im Fall der Frage nach der Identität der Dirne Leocadia
nicht viel anders war.) Kaum ausgesprochen, wird die Frage
schon abgeschmettert. In einer Form, die jede vorherige
konjunktivische Zurückhaltung hinwegfegt:

DER GATTE: *Es ist bei dir nicht anders.* Du bist ja das klügste
    und entzückendste Wesen, das es gibt. Ich bin sehr glück-
    lich, daß ich dich gefunden habe. (Hervorh. von mir.)

Daß ich dich gefunden habe . . . Damit scheint, wie schon
zuvor in der Rede des Soldaten, die bewährte Ordnung der
Subjekt-Objekt-Achsen wieder im Lot zu sein. Die Komplimente, mit denen der Gatte die Erwägung anderer Verhältnisse zuzudecken sucht, enthüllen ihrerseits die jeder
Ritterlichkeit innewohnende aggressive Komponente: da
diese Ritterlichkeit auf der *freiwilligen* Zustimmung einer
(männlichen) Elite beruht.
Was ist nun aber dieses ›es‹ in den Worten der jungen Frau,
das bei ihr ›anders‹ sein könnte, genauer? Im engeren dialo-
gischen Kontext zielt es auf das Ende der ›Freundschaftspe-
riode‹ – auf den vom Gatten bestimmten ehelichen Zyklus
von Sexualenthaltung und Sexualverkehr. Wenn also dieser
Zyklus bei ihr anders wäre? Oder so gar nicht vorhanden?
Das führt – in Anbetracht des ehelichen Kontextes – zu
weiteren Fragen. Ist diese eheliche Ordnung – das für die
bürgerliche Gesellschaft zentrale Ordnungsmuster für Libido, Loyalität, Besitztümer, Produkte, einschließlich der
Kinder, usw., kurz: für Leidenschaften und Güter – derge-

134   *IV. Urteile der Literaturwissenschaft*

stalt eingerichtet, daß sie zwar die ›Andersheit‹ der Frau als
wesentliche Bedingung ihres Funktionierens zur Voraussetzung hat – von daher aber auch entscheidend in Frage gestellt werden kann? Sofern nämlich ein ›anderes‹ denkbar
wäre, das mit dem vom Mann her definierten nicht iden-
tisch wäre? Es muß auffallen, mit welcher Entschiedenheit
der Gatte, dessen eigene Rede die ›Andersheit‹ der Frau un-
entwegt umkreist, ihre Erwägung eines möglichen ›anders‹
zurückweist. Was steht denn für ihn auf dem Spiel, oder,
von der Fragenden selbst her gesehen: Was wäre für sie zu
gewinnen?«

J. B.: »Wenn es aber ... bei mir anders wäre«. Die
Frage der Geschlechterbeziehungen in Arthur
Schnitzlers *Reigen*. In: Gerhard Kluge (Hrsg.):
Aufsätze zu Literatur und Kunst der Jahrhundert-
wende. Amsterdam: Rodopi, 1984. S. 311, 313–
315. – © 1984 Editions Rodopi B. V., Amsterdam.

ORTRUD GUTJAHR:

»So kann sich der junge Herr dem sozial niederstehenden
Stubenmädchen ohne sexuelle Hemmung nähern, wie auch
der Gatte dem süßen Mädel. Diese wohl berühmteste Figur
der Wiener Literatur um 1900 ist zwar bei Schnitzler eine
ästhetische Fiktion, aber zugleich auch die Darstellung eines
authentischen Sozialcharakters. Die Wiener Vorstadtmädchen aus den unteren sozialen Schichten werden für die besser gestellten Herren aus der Stadt ›süß‹, insofern von ihnen
sexuelle Befriedigung ohne bitteren Nachgeschmack erwartet wird. Das erotische Abenteuer mit dem süßen Mädel
verspricht Lust ohne finanzielle Kosten wie bei der Prosti-
tuierten und ohne gesellschaftliche Verantwortung wie bei
der standesgemäßen Frau. Auch im außerehelichen Abenteuer versucht der Gatte wider besseren Wissens, seine moralische Integrität zu bewahren. Nicht nur, daß der Gatte
das Vorstadtmädchen ins Kreuzverhör der bürgerlichen
Moral nimmt und sie immer wieder zwingt, ihre kleinbür-

gerliche Gesittetheit zu beteuern, sondern er möchte ihr
auch seinen eigenen Gewissenskonflikt aufladen: ›Und da
möchtest du dir gar kein Gewissen machen, daß Du einen
Ehemann zur Untreue verführst?‹ Der Gatte versucht
krampfhaft, sein außereheliches Verhältnis, das im Grunde
seine eigene Moral desavouiert, zu rechtfertigen und zwingt
das Mädchen und sich selbst, im Sprechen eine Moral auf-
rechtzuerhalten, die nur noch Farce ist. Das chambre séparée, in dem Gatte und süßes Mädel aufeinandertreffen, die
Zweitwohnung, in der sich der junge Herr mit der jungen
Frau verabredet, sind die rückwärtigen Seiten der Wände
des ehelichen Schlafzimmers. Nur durch diese rückwärtigen
Seiten, durch das Unterlaufen der propagierten Moral,
konnte diese überhaupt zum Schein aufrechterhalten werden.
Es knirschte im Gebälk des bürgerlichen Schlafzimmers, die
Geräusche aus den angrenzenden Räumen wurden immer
unüberhörbarer, und Schnitzler sprach mit seinem ›Reigen‹
zu Beginn dieses Jahrhunderts auf unmißverständliche
Weise aus, welche Struktur sich unter und auf dem doppel-
ten Boden der Moral herausgebildet hatte. Und er zeigte
damit auch, daß die Flucht aus dem bürgerlichen Schlafzimmer keinen ›Weg ins Freie‹ bedeutete, auch wenn dabei, wie
in den ersten beiden Szenen, der Beischlaf unter freiem
Himmel stattfinden sollte. Der Bruch mit den bürgerlichen
Moralvorstellungen findet in deren Windschatten, konven-
tionell und an Rollenklischees orientiert, statt. Selbst die
Schauspielerin, die der offenen Libertinage frönen kann und
das insgeheime Idol der jungen Frau ist, löst sich nicht von
ihrer sozial inszenierten Rolle. Auch außerhalb des glücklosen bürgerlichen Schlafzimmers ist im ›Reigen‹ das Glück
nicht zu finden, denn keine der Figuren legt die Sozial-
maske ab, so daß Intimität sich ereignen könnte. Was diese
›menschlich – allzu menschliche Gesellschaft‹, die der ›Reigen‹ figuriert, aus der ästhetisch-kritischen Beobachtungs-
position Schnitzlers erkennen läßt, ist ihr Verfehlen von In-

timität, die gleichsam als leerer Augenblick hinter den Büh-
nenvorhang verbannt wird. In einer vollen Umdrehung des
›Reigen‹ sind die Figuren auf der Suche nach etwas Verlore-
nem, an das sie sich nicht mehr erinnern können, was sich
in der letzten Szene sogar soweit steigert, daß selbst der
kurz zuvor vollzogene Beischlaf dem Vergessen anheim gefallen ist.

Die Suche nach Befriedigung, nach dem erfüllten Augenblick, treibt den ›Reigen‹ an, aber der immer wieder erlebte
leere Augenblick hält das ›Reigen‹-Prinzip aufrecht, dem
keine der Figuren sich zu entziehen vermag. Enthusiastisch
inszenieren sich die Dialogpartner füreinander, sie spielen
im Repertoire ihrer sozialen Möglichkeiten und mit dem
Einsatz ihrer Körper um Erfüllung. Aber auch der höchste
Einsatz bringt nicht den ersehnten Gewinn, alle Spieler sind
zugleich Verlierer; sie ziehen mit ihren jeweiligen Partnern
Nieten und fallen melancholisch von ihnen ab. Der Sinn,
den die Figuren in diesem Spiel suchen, ist ihnen verloren,
und jede sexuelle Begegnung macht diesen Sinnverlust deutlich. Die körperliche Vereinigung ist ihnen als signifikante
Erfahrung entglitten, sie ist Beweis zu gar nichts, außer im
ganz tautologischen Sinne für die Triebnatur des Menschen.
Die Ekstase, die sexuelle Erfüllung, die auf so unterschiedliche Weise durch Gesten und Worte herbeigesehnt wird und
die so geheimnisumflort hinter dem Vorhang imaginiert
wird, enthüllt sich als die geheimnislose Bedeutungslosig-
keit für die Figuren, wie die Nachspiel-Dialoge deutlich
machen. Die Spannung innerhalb der einzelnen Szenen or-
ganisiert sich in einem allmählichen Anstieg und einem jä-
hen Abfall gleichsam unter der Dominanz der männlichen
Erregungskurve. Die Identität des anderen und die eigene
ist in der Begegnung nicht mehr zu fassen. Sie hat sich in ein
Spiegelspiel von Du und Sie, von Namens-Nennung, -Ge-
bung, -Verwechslung und -Verweigerung aufgelöst und sich
in Ähnlichkeiten verflüchtigt. Der Verlust des begehrten
Objekts wird im ›Reigen‹ immer wieder in der Vereinigung

mit dem sexuellen Objckt bestätigt. Eine Melancholie, von der sie selbst keinen Begriff haben, treibt die Figuren wie im mythischen Bann weiter und weiter. Immer wieder inszenieren die Figuren ihren eigenen Sündenfall, ohne dabei vom Baum der Erkenntnis essen zu können.

Schnitzler radikalisiert die Mach'sche These vom ›unrettbaren Ich‹ in seiner ästhetischen Ausgestaltung, indem er die Leere des Ich darstellte, die sich im Auseinanderklaffen von Triebnatur und Gesellschaftsstruktur eröffnet. Keine der Figuren will ja verweilen, weil der schöne Augenblick gefunden ist, sondern die Suche geht weiter, und so läßt sich die Komposition des ›Reigen‹ auch als Wechselspiel von Enthusiasmus und Melancholie lesen. Die Illusionierung des anderen und die Befriedigungserwartung, die mit dem begehrten Objekt verknüpft wird, treibt die Figuren magnetisch aufeinander zu. Die Verführung ist hier jedoch keine Kunst mehr, denn die Figuren sind alle bereits auf das sexuelle Thema eingestimmt; sie ist vielmehr das Vorspiel, das verleugnen soll, was längst entschieden ist. In diesen Vorspielen inszeniert sich der Enthusiasmus dieses ›Reigens‹, der in der Spannungskurve des Sprechens bis zum Akt vergessen machen soll, daß die sexuelle Vereinigung nur um den Preis von Verdrängung und Illusionierung zu erreichen ist. Aber das gesellschaftliche Unbewußte, das sich als Latenz in der moralischen Codierung der Figuren ausspricht, bricht auf, sobald der Enthusiasmus durch die Desillusionierung im leeren Augenblick empfindlich gestört wird. Melancholisch inszenieren sich dementsprechend die Nachspiele der Reigen, indem das Sprechen der Figuren ihr Gefühl der Leere, die Verfehlung von Sinn nicht mehr zu überdecken vermag. Sigmund Freud formulierte in seinem 1917 erschienenen Aufsatz ›Trauer und Melancholie‹: ›Bei der Trauer ist die Welt arm und leer geworden, bei der Melancholie ist es das Ich selbst.‹ Die Melancholie um den versäumten Augenblick läßt in den Figuren des Stücks eine Leere aufbrechen, die sie weitertreibt und jeder neue enthu-

siastische Anlauf versucht, diese Leere zu überbrücken, die
im ›Danach‹ immer wieder gähnend aufklafft. Die Abwe-
senheit von Glück läßt die Figuren des ›Reigens‹ immer
wieder zu glücklosen Glücksuchern werden. In der 9. Szene
formuliert der Graf:

> ›(. . .) sobald man sich nicht, wie soll ich mich denn aus-
> drücken, sobald man sich nicht dem Moment hingibt,
> also an später denkt oder an früher na, ist es doch gleich
> aus. Später ist traurig früher ist ungewiß mit einem Wort
> man wird nur konfus. Hab ich nicht recht?‹

Darauf antwortet die Schauspielerin: ›Sie haben wohl den
Sinn erfaßt.‹ Der Sinn aber, der hier erfaßt ist, ist gerade die
Sinnlosigkeit des losgelösten Moments ohne Bezug, denn
Sinnerfassung bedarf gerade eines zeitlichen Kontinuums,
das hier als Erfahrungshorizont aufgelöst ist. Sexualität
wurde Schnitzler hier zum Brennpunkt des gesellschaftlichen Wertezerfalls seiner Generation, denn er schrieb im
›Reigen‹ über eigene Erfahrungen, nicht nur, weil er seine
ehemaligen Freundinnen, Jeanette Heger in der Figur des
süßen Mädels und Adele Sandrock in der Figur der Schauspielerin, mit zum Teil wörtlichen Brief- und Tagebuchzita-
ten gestaltete, sondern weil er die Moral, mit der er selbst
erzogen wurde, verarbeitete. Jene Auseinandersetzung, die
Schnitzler mit seinem Vater 1891 über die sexuelle Frage
hatte, und die er in seiner Autobiographie ›Jugend in Wien‹
ausführlich memoriert, machen seine eigene Situation deutlich:

> ›Im Verlauf unseres Gesprächs drängte sich mir die Frage
> auf die Lippen, wie es denn eigentlich ein junger Mensch
> anstellen sollte, um nicht entweder mit den Forderungen
> der Sitte, der Gesellschaft oder der Hygiene in Wider-
> spruch zu geraten (. . .) Mein Vater ließ sich auf Erörte-
> rungen nicht ein, sondern mit einer erledigenden Hand-
> bewegung bemerkte er einfach und dunkel zugleich: ›man
> tut es ab‹.

Acht Jahre nach dieser Unterhaltung schrieb Schnitzler seinen ›Reigen‹, der ihn weltberühmt machte und mit dem er
zeigen konnte, daß die sexuelle Frage nicht ein individuelles
Problem ist, das sich ›abtun‹ läßt, sondern daß sie zugleich
eine soziale Frage ist, welche bestehende Moralvorstellungen der bürgerlichen Gesellschaft fundamental zu unterlaufen vermochte. Wundert es da, daß er, der Bürgersohn, zau-
derte, das Stück aus der Hand zu geben und daß er damit
den Ärger der Väter entfachte?
Wie Hugo von Hofmannsthal, Felix Salten, Karl Kraus, Peter Altenberg, Egon Friedell, Ludwig Wittgenstein, Stephan
Zweig und so viele andere seiner Zeit gehörte Schnitzler einer analysierenden Sohnesgeneration an, die, frei von wirt-
schaftlichen Existenzsorgen, die Werte der Gründergenera-
tion in Frage stellte. Wenn man dabei aber wie Schnitzler so
weit ging, diesen Wertezerfall bis hinein ins bürgerliche
Schlafzimmer zu analysieren und die Ergebnisse auch noch
auf die Bühne brachte, so mußte dies beim bürgerlichen
Theaterpublikum auf vehemente Abwehrreaktion stoßen.
Nicht die Darstellung einer Amoralität der Unterschicht,
der Aristokratie oder des Künstlertums, sondern die
Scheinmoral der Bürger und deren Einbindung in einen ver-
drängten gesellschaftlichen Strukturzusammenhang rüttelte
an den ohnehin morschen Grundfesten dieser Gesellschaft.«

O. G.: Im Wechselspiel von Enthusiasmus und
Melancholie. Zu Arthur Schnitzlers *Reigen*. In:
Karol Sauerland (Hrsg.): Melancholie und Enthusiasmus. Studien zur Literatur- und Geistesgeschichte der Jahrhundertwende. Bern / Frankfurt
a. M. [u. a.]: Lang, 1988. S. 77–81. – Mit Genehmigung von Ortrud Gutjahr, Freiburg i. Br.

ALFRED PFOSER:

»Schnitzler nimmt im *Reigen* die allgemeine Promiskuität
so selbstverständlich an, daß die Zeitgenossen schockiert
und provoziert sein mußten: Keine Figur läßt einen Zweifel

»Before«
Stich nach einem Gemälde von William Hogarth, 1736

»After«
Stich nach einem Gemälde von William Hogarth, 1736

daran, daß sie an der ›Sache‹ nicht interessiert ist; alle stehen unter Wiederholungszwang im Wechselspiel von Verführen und Verführt-Werden. An eine Parteinahme des Autors ist nicht einmal im Ansatz zu denken. Schnitzler stellt sich außerhalb der gängigen Moral und verharrt strikt auf der Beobachterposition, um sich als Moralist seinen Reim auf die menschlichen Befindlichkeiten im zeitgenössischen Wien zu machen.

Der *Reigen* ist das bewußt heitere Gegenstück des Wiener Impressionismus zu Choderlos de Laclos' ›Liaisons dangereuses‹, das die Intrigen und die Sexualökonomie der französischen Rokokogesellschaft verdichtete. Strenger als jede der französischen Beziehungskomödien von Marivaux bis Feydeau komponiert, stehen der *Reigen* und seine formale Verarbeitung der Promiskuität in der Stofftradition singulär da. Das verweist auf seine Bedeutung, auf die Genialität der Idee zu diesem Stück. Wohl kann die Literaturgeschichtsschreibung genug Werke aufzählen, die ihre Figuren das Karussell der Liebe betreiben lassen, aber kein Autor vor Schnitzler hat eine Sexualverhaltensstudie so konsequent zugespitzt.

Welche Einflüsse mögen bei der Entstehung des *Reigen* eine Rolle gespielt haben? Thematisch hat das Stück ein Vorbild in der Serie ›Before and After‹ [1730/31] des berühmten englischen Malers, Kupferstechers und Radierers William Hogarth (1697–1764), der in besonders drastischer Form den Unterschied zwischen dem glühenden männlichen Werben von dem Koitus wie dem entsetzten Innehalten danach herausarbeitet.

[...]

Hogarths Verhaltensstudie ›Before and After‹ präsentiert ähnliche Situationen wie Schnitzlers *Reigen*. Während sich das Mädchen im Vorspiel gegen die männliche Zudringlichkeit wehrt, gleichzeitig aber schon das Korsett abgelegt hat, schmiegt es sich ›danach‹ an den Mann, der ernüchtert und benommen sein Hosentürl schließt und vor den Verwüstungen seiner Leidenschaft steht. Durch den kleinen Amor, der eine Rakete startet, wird der Vorgang emblematisch überhöht.

Die Kritik hielt Ausschau nach Vorbildern des *Reigen* und entdeckte dabei eine winzige Episode in Voltaires Roman ›Candide oder die beste aller Welten‹, in dem das Beziehungskarussell Candides Philosophielehrer Pangloss, und nicht nur ihn, ruiniert. ›Sie haben doch die Gertrud gekannt, lieber Candide‹, erzählt Pangloss, ›das niedlichste Zöfchen unserer erlauchten Baronin. In ihren Armen hab ich Paradieswonnen geschmeckt, und eben diese sind die Ursache der Höllenqualen, unter denen ich jetzt so entsetzlich leide. Das arme Mädchen hatte sich angesteckt und ist vielleicht schon an ihrer Krankheit gestorben. Dies Geschenk hatte Gertrud von einem hochgelahrten Franziskanermönch, und der hatte es von einer alten Reichsgräfin, die Gräfin von einem Dragonerhauptmann, der Hauptmann von einer Marquise, die Marquise von einem Pagen, der Page von einem Jesuiten und der Jesuit von einem direkten Nachkommen eines Gefährten des Christoph Columbus. Ich für meinen Teil werde es niemanden weitergeben, denn ich lebe nicht mehr lange.‹

Ansteckungsängste plagten, wie wir aus seiner Autobiographie und seinen Werken (etwa der ›Traumnovelle‹) wissen, Arthur Schnitzler und seine Zeitgenossen zur Genüge. Im *Reigen* findet diese Furcht lediglich peripher Ausdruck. Nur den Ehemann packt nach dem Zusammensein mit dem Süßen Mädel für einen Moment das Entsetzen, und auch der Graf artikuliert zwar nicht direkt, aber doch deutlich die Angst, sich bei der Dirne anzustecken. Plötzlich schießt der Gedanke ins Bewußtsein, daß man durch den Geschlechtsverkehr mit einer Person potentiell in eine verhängnisvolle Beziehung mit sehr vielen, völlig unbekannten Personen treten kann.«

A. Pf. [u. a.]: Schnitzlers *Reigen*. Bd. 1: Der Skandal. Frankfurt a. M.: Fischer Taschenbuch Verlag, 1993. S. 14–16. – © 1993 S. Fischer Verlag GmbH, Frankfurt am Main.

V. Texte zur Diskussion

Das Frauenbild der Jahrhundertwende ist im *Reigen* vielfach widergespiegelt. Zwei Texte – zum »süßen Mädel« und zur »Sexualisierung der Wiener Moderne« – geben einen Ausblick darauf, welche sozialen Erfahrungen und welche naturwissenschaftlichen Konzepte von den Geschlechtern Schnitzler und seine Zeitgenossen geprägt haben.

ROLF-PETER JANZ in seiner Studie »Zum Sozialcharakter des süßen Mädels«:

»Was die süßen Mädel zunächst miteinander verbindet, ist, daß sie in den Vorstädten leben, in Mariahilf oder Fünfhaus, auf der Wieden – ›Kettenbrücken- oder Schleifmühlgasse‹ – oder, wie die Mädchen Gusti und Minna, denen Christine Weiring und Mizi Schlager nachgebildet sind, in Neubau und in der Josefstadt oder auch, wie Schnitzlers Geliebte Jeanette Heger, in Alsergrund, nahe an Hernals. Sie leben bei ihren Familien wie Mizi Schlager und Christine oder aber allein wie das Mädchen, von dem Anatol Gabriele erzählt; sie sind Modistinnen wie Mizi, Statistinnen oder Bühne bzw. Schauspielerinnen wie Marie Glümer oder versorgen den elterlichen Haushalt wie das süße Mädel im *Reigen*.

Von Jeanette Heger, die deshalb von besonderer Bedeutung ist, weil Schnitzler für sie zum erstenmal die Bezeichnung ›süßes Mädel‹ verwendet hat, berichtet die Autobiographie, daß sie mit drei Schwestern und einem Bruder in einer ›sehr bescheidenen Wohnung‹ in der Zimmermannsgasse lebt; eine der Schwestern ist Näherin, eine andere arbeitet als Kindermädchen und Ladenmamsell, Jeanette selbst ist Kunststickerin, arbeitet zu Hause für größere Geschäfte, zeitweilig auch in einem Sticksalon. Sie verdient wenig, wenn sie nicht um das ausgemachte Honorar überhaupt betrogen wird, nimmt darum auch geringe Summen von Schnitzler an, um ihren finanziellen Verlegenheiten zu entgehen. So sicher die Existenz des süßen Mädels Jeanette als proletarisch zu bezeichnen ist, so offensichtlich ist Anni, die die Autobiographie, wenngleich auch nur auf Anfrage eines pedantischen Literaturprofessors, als das ›eigentliche Urbild des süßen Mädels‹ bezeichnet, kleinbürgerlicher Provenienz. Wenn sich der Typus nun weder nach den Angaben der Autobiographie oder der Tagebücher noch nach der Charakteristik der literarischen Figuren, die Schnitzler süße Mädel nennt bzw. von anderen Gestalten nennen läßt, eindeutig über den sozialen Status oder den Beruf definieren läßt, so ist gleichwohl nicht zu verkennen, daß er am selben sozialen Ort angesiedelt ist, in der Vorstadt. Daß sich die Figuren in Schnitzlers Darstellung nicht auf denselben sozialen Rang festlegen lassen, entspricht aufs genaueste den soziographischen Gegebenheiten in den Wiener Vorstädten um 1900. Von Ausnahmen abgesehen, waren sie mit jeweils unterschiedlichen Anteilen von kleinbürgerlichen wie von proletarischen Schichten bewohnt. Überdies ist daran zu erinnern, daß das süße Mädel aus der Perspektive des jungen Herrn dargestellt ist; auch Schnitzlers Autobiographie und die Tagebücher sind von dieser perspektivischen Verzerrung keineswegs frei. Das süße Mädel der Vorstadt ist als Wunschbild konzipiert gemäß der Funktion, die es nach den Vorstellungen der jungen Herren, sei's in *Anatol, Liebelei,* in der *Kleinen Komödie* oder im *Reigen* haben soll: als eine Geliebte, die ›Süßes‹, ›Stilles‹ gewährt, Angenehmes ohne Schwierigkeiten, also als ideale Alternative zu möglichen anderen Liebesbeziehungen. Soll das süße Mädel diese Funktion erfüllen, so erweisen sich innerhalb des vorstädtischen Milieus Unterschiede wie die angegebenen im sozialen Rang oder auch im Beruf der süßen Mädel als relativ unerheblich.

Genau genommen ist die Liebesbeziehung zwischen den jungen Herrn und den süßen Mädeln als gesellschaftliche

Institution charakterisiert. ›Was sind denn das nur für Geschöpfe‹, läßt Schnitzler Fritzi in der Rolle der jungen
Dame fragen, ›die uns unsere Männer nehmen, bevor wir
sie kriegen?‹ Für den jungen Herrn der Stadt, dem die Maitresse zu kostspielig oder auch zu langweilig ist, der durch
eine Prostituierte seine Gesundheit gefährdet sieht, dem die
Beziehung zur verheirateten Frau zu riskant ist, der aber
seinerseits die standesgemäße junge Dame (noch) nicht heiraten kann oder will, empfiehlt sich das süße Mädel als
Geliebte. Das Prädikat ›süß‹ wird ihm verliehen, weil es –
anders als die Maitresse, die ›böse Mondäne‹ oder die ›dä-
monischen Weiber‹ – selbstlos Zärtlichkeiten und sexuelle
Befriedigung gewährt oder gewähren soll, ohne dafür finanzielle oder gesellschaftliche Ansprüche geltend zu machen.
Daß die Liebesbeziehung zum süßen Mädel den Charakter
einer gesellschaftlichen Institution hat, kommt vor allem
darin zum Ausdruck, daß sie bestimmten Verkehrsformen
unterworfen ist. So genau wie die gesellschaftlichen Bahnen,
die beschritten werden dürfen, sind die vorgeschrieben, die
zu meiden sind. Die süßen Mädchen werden auf der Straße
oder beim Tanz in der Vorstadt angesprochen, die Rendezvous mit ihnen finden in ihrer Wohnung, häufiger in der des
jungen Herrn statt; zugänglich ist dem süßen Mädel die Va-
rietébühne in der Vorstadt oder die dritte Galerie bei der
neuen Operette (*Kleine Komödie*), schließlich auch das
chambre séparée, wenn nicht im noblen Sacher, so doch im
Riedhof in der Josefstadt; auch Schnitzler hat ihn mit Jeanette Heger besucht. Ausgeschlossen dagegen bleibt das
süße Mädel, folgt man der Autobiographie, von den Treff-
punkten der Oberschicht, den großen Theatern der Stadt
oder vielmehr deren Logen wie auch den ›Gesellschaften‹,
ganz zu schweigen vom ›Kreis der Familie‹. Schnitzler
selbst berichtet darüber, daß ihn einmal die nicht verabre-
dete Anwesenheit seiner Eltern auf dem Bahnhof vor einer
Reise gezwungen habe, Jeanette nach Hause zu schicken.
Der auf Reputation bedachte Professor der Laryngologie

Johann Schnitzler hat die Liaison seines Sohnes nachdrücklich mißbilligt.

Warum aber lassen sich die süßen Mädel unter diesen Bedingungen auf eine solche Liaison ein? Gewiß sind sie zum einen durch die große Welt, die nicht die ihre ist, verführbar. Nicht ohne Ironie hat Schnitzler von den Erfolgen, zumal in der Uniform des Einjährig-Freiwilligen, berichtet, derer er unter den Töchtern auch noch des ›mittleren, wohlhäbigen Bürgerstandes‹ in den Drei-Engel-Sälen auf der Wieden gewiß sein konnte: ›Fehlte es auch unter den Tänzern keineswegs an Hausherrnsöhnen vom Grund und anderen Vorstadtelegants, so traten wir zwei Einjährig-Freiwilligen in offiziersmäßiger Uniform, denen hier das Odium des Mosesdragonertums kaum anhaftete, in diese Gesellschaft – ich will nicht gerade behaupten wie Prinzen aus dem Märchenland – aber doch meinem Gefühl nach wie Erscheinungen aus einer anderen, etwas höheren Welt‹.
[...]
Die Liebe des jungen Herrn zum süßen Mädel – dies vor allem macht die Szene bemerkenswert – ist durch zwei der Züge definiert, die nach Freud zu den Bedingungen eines bestimmten Typus der männlichen Objektwahl gehören: die mehr oder minder stark ausgeprägte ›Dirnenhaftigkeit‹ der Geliebten und die Absicht, sie zu ›retten‹. Würde die Sorge der süßen Mädel allein ihrer sexuellen Attraktivität für den jungen Herrn gelten, sie wäre gegenstandslos. Denn Anatol ist wie auch der Gatte im *Reigen* in seiner Objektwahl auf die ›Dirnenhaftigkeit‹ und auf die ›Rettung‹ angewiesen.«

R.-P. J. / Klaus Laermann: Arthur Schnitzler. Zur Diagnose des Wiener Bürgertums im Fin de siècle. Stuttgart: Metzler, 1977. S. 42–44, 47. – © 1977 Verlag J. B. Metzler, Stuttgart.

Franz X. Eder:

»Während des 19. Jahrhunderts wird der Claim der ›Sexualität‹ nicht nur neu vermessen – Kinder, Frauen, Geisteskranke, Perverse, Juden, Schwarze – sondern auch im tiefsten Innern des Menschen gesucht: die sexualisierten Zellen regieren nun Geist und Körper. Sogenannte Verbrechermenschen werden als Getriebene ihrer sexuell zerrütteten Nerven gesehen, Urninge und Tribaden als vergebens gegen ihre vererbten gleichgeschlechtlichen Neigungen kämpfend dargestellt und Frauen wird die Menstruation als Auslöserin so mancher Straftat präsentiert. Im Verbund mit der Darwinschen Selektionstheorie und der Malthus'schen Bevölkerungslehre gelingt es, sexuelle Degenerations- und Entartungsschemata der Körper und der Rasse zu erstellen. Körper- und Rassenhygiene sind jene Machttechniken am Ende des 19. Jahrhunderts, die den respektablen Menschen gegen schmutzige Arbeiter, degenerierte Perverse und entartete Rassen schützen sollen.

Die Verschmelzung des Körpers und der Rasse im Zeichen der natürlichen bzw. abartigen ›Sexualität‹ hat jene ›Wahrheit‹ produziert, die auch die jungen Wiener so nervös, wißbegierig und nachdenklich stimmte. Sie rezipierten ein Wissen um die ›Sexualität‹, das, wissenschaftlich fundiert, als ›wahr‹ galt und sich noch dazu auf eine scheinbar unveränderliche Konstante berief: den Körper. Im Wissen um seine ›sexuellen Untiefen‹ und Bestimmungen zweifelten sie an ihrer Identität als Männer, Bürger und Juden in einer Gesellschaft, der die sozialen und politischen Orientierungen verloren gegangen waren. Ein neues Wissen um die ›Naturgewalt‹ schlechthin war *die* existenzielle Bedrohung der bürgerlichen Männer des Fin de siècle.

Hier ruht jene Explosivkraft, gegen die, so der Sexualwissenschaftler Richard von Krafft-Ebing, ›alles andere, was das Schicksal verhängen kann, in nichts verschwindet‹. Krafft-Ebing lieferte mit seinem Werk ›Psychopathia sexua-

lis‹ 1886 auch das Kompendium des Sexual-Wissens seiner
Zeit. Mit ›Sexualität‹ ist hier beinahe alles beschrieben und
definiert was den respektablen bürgerlichen Mann aus der
Bahn werfen kann: frigide und nymphomane Frauen,
gleichgeschlechtliche Veranlagungen, der zügellose Proleta-
rierkörper und sexuell entartete Zellen. Für das medizini-
sche und forensische Fachpublikum verfaßt, werden in der
›Psychopathia sexualis‹ alle Register der Wissenschaftlich-
keit gezogen: Fallgeschichten, Systematiken, Definitionen,
experimentelle Beobachtungen und physiologische Untersuchungen, das sind nur einige der methodischen Wahr-
heitsbeweise, die ›Sexualität‹ als krankhaftes und krankma-
chendes Naturereignis ausweisen. Im Inneren der Zellen
schlummernd, warte sie, zumeist vererbt, manchmal auch
durch Degeneration entstanden, darauf, ihr Unwesen zu
treiben. Mit und neben Krafft-Ebing etablierte sich in den
letzten Jahrzehnten des 19. Jahrhunderts die höchste Aus-
differenzierung des Wissens um das Sexuelle, die Sexualwis-
senschaft, und avancierte zur Beraterin der Ärzte und Juri-
sten genauso wie der Bevölkerungspolitiker und Naturwissenschaftler. Sie wird auch für viele andere moderne junge
Männer – und Frauen – zur Göttin des Wissens.
Frauen – die Formen ihrer gesunden und kranken ›Sexualität‹ – sind der liebste Untersuchungsgegenstand der Wis-
sensschöpfer. Der Sexus der Frau erscheint ihnen *von Natur
aus* zwiespältig: Im Vergleich zum Mann wird ihr sinnliches
Verlangen, so Krafft-Ebing, als gering bewertet, ›gleichwohl
macht sich in dem Bewußtsein des Weibes das sexuelle Ge-
biet mehr geltend, als in dem des Mannes‹. Iwan Bloch,
seines Zeichens Spezialarzt für Haut- und Sexualleiden,
spricht vom ›Durchtränktsein des Weibes mit Sexualität‹
und dringt dann tiefer ins Wesen der Frau vor: ›In den meisten Fällen ist tatsächlich die sexuelle Kälte des Weibes
nur eine scheinbare, entweder wo hinter dem durch die
konventionelle Moral vorgeschriebenen Schleier der äußeren Zurückhaltung sich eine glühende Sexualität verbirgt

oder wo es dem Mann nicht gelingt, die so komplizierten und schwer lösbaren erotischen Empfindungen richtig zu wecken ... Wo dauernde sexuelle Frigidität beim Weibe besteht, da handelt es sich entweder um Einflüsse der Vererbung, um eine sexuelle Entwicklungshemmung, den ›psychosexualen Infantilismus‹ Eulenburgs, oder um Krankheiten (besonders Hysterie und andere Nervenleiden) und um die Folgen habitueller Onanie.‹ Die ›femme fragile‹ und die Kind-Frau zum einen und die ›femme fatale‹, das männerverschlingende Vampirweib zum anderen, werden als die zwei Seiten des ewig Weiblichen angesehen. Die übersexualisierte Frau ist nun nicht mehr eine ›gefallene Hure‹, sondern eine Marionette ›genetischer‹ Prädispositionen. Wie die sogenannten ›Wilden‹ gehorcht sie willenlos den (sexuellen) Gesetzen der Natur und ist, im Gegensatz zum Mann, der im wahrsten Sinn des Wortes seine Natur ›beherrscht‹, nicht Herr ihrer selbst.«

F. X. E.: »Diese Theorie ist sehr delikat ...« Zur Sexualisierung der Wiener Moderne. In: Jürgen Nautz / Richard Vahrenkamp (Hrsg.): Die Wiener Jahrhundertwende. Einflüsse, Umwelt, Wirkungen. Wien [u. a.]: Böhlau, 1993. S. 168–170. – © 1993 Böhlau Verlag Gesellschaft m. b. H. & Co. KG, Wien.

Literaturhinweise

Ausgaben

Reigen. Zehn Dialoge. [Geschrieben] Winter 1896/97. Privatdruck [als unverkäufliches Manuskript, 1900].

Reigen. Zehn Dialoge. Buchschmuck von Berthold Löffler. Wien/ Leipzig: Wiener Verlag, 1903.

Reigen. Zehn Dialoge. Berlin: S. Fischer, 1931.

Gesammelte Werke in Einzelausgaben. Frankfurt a. M.: S. Fischer, 1961–77.

Die erzählenden Schriften. 2 Bde. 1961.

  Die dramatischen Werke. 2 Bde. 1962. [*Reigen* in Bd. 1, S. 327– 390.]

  Aphorismen und Betrachtungen. Hrsg. von Robert O. Weiss. 1967.

  Entworfenes und Verworfenes. Aus dem Nachlaß. Hrsg. von Reinhard Urbach. 1977.

Reigen. Zehn Dialoge. – Liebelei. Schauspiel in drei Akten. Mit einem Vorw. von Günther Rühle und einem Nachw. von Richard Alewyn. Frankfurt a. M.: Fischer Taschenbuch Verlag, 1960 [u. ö.]. [Zuletzt] Nachdr. Nov. 1992. (Fischer Taschenbuch. 7009.)

Tagebuch 1893–1902. Hrsg. von der Kommission für literarische Gebrauchsformen der österreichischen Akademie der Wissenschaften. Wien: Verlag der österreichischen Akademie der Wissenschaften, 1989.

Briefe 1913–1931. Hrsg. von Peter Michael Braunwarth [u. a.]. Frankfurt a. M.: S. Fischer, 1984.

Der Briefwechsel Arthur Schnitzler – Otto Brahm. Hrsg., eingel. und erl. von Oskar Seidlin. Tübingen: Niemeyer, 1975.

Forschungsliteratur

Arthur Schnitzler. Sein Leben, sein Werk, seine Zeit. Hrsg. von Heinrich Schnitzler, Christian Brandstätter und Reinhard Urbach. Stuttgart [u. a.] 1981.

Aspetsberger, Friedbert: Der Prozeß gegen die Berliner Aufführung des *Reigen*. In: Akzente 12 (1965) S. 211–230.

Bossinade, Johanna: »Wenn es aber ... bei mir anders wäre«. Die Frage der Geschlechterbeziehungen in Arthur Schnitzlers *Reigen*. In: Gerhard Kluge (Hrsg.): Aufsätze zu Literatur und Kunst der Jahrhundertwende. Amsterdam 1984. S. 273–328.

Delius, Brigitte: Schnitzlers *Reigen* und der *Reigen*-Prozeß. In: Der Deutschunterricht 28 (1976) H. 2. S. 98–115.

Farese, Giuseppe (Hrsg.): Akten des internationalen Symposiums ›Arthur Schnitzler und seine Zeit‹. Bern / Frankfurt am Main [u. a.] 1985. (Jahrbuch für internationale Germanistik. Reihe A. Bd. 13.) [Darin u. a.: Vito Attolini: Arthur Schnitzler im Filmschaffen von Max Ophüls. S. 137–152; Christian Wagenknecht: Um den *Reigen*: Karl Kraus und Arthur Schnitzler. S. 153–163.]

Fliedl, Konstanze: Arthur Schnitzler: *Reigen*. In: Interpretationen: Dramen des 20. Jahrhunderts. Bd. 1. Stuttgart 1996. S. 25–39.

Gutjahr, Ortrud: Im Wechselspiel von Enthusiasmus und Melancholie. Zu Arthur Schnitzlers *Reigen*. In: Karol Sauerland (Hrsg.): Melancholie und Enthusiasmus. Studien zur Literatur- und Geistesgeschichte der Jahrhundertwende. Frankfurt a. M. [u. a.] 1988. S. 69–83.

Heine, Wolfgang (Hrsg.): Der Kampf um den *Reigen*. Vollständiger Bericht über die sechstägige Verhandlung gegen Direktion und Darsteller des Kleinen Schauspielhauses Berlin. Berlin 1922.

Janz, Rolf / Laermann, Klaus: Arthur Schnitzler. Zur Diagnose des Wiener Bürgertums im Fin de siècle. Stuttgart 1977.

Keller, Ursula: Böser Dinge hübsche Formel. Das Wien Arthur Schnitzlers. Berlin/Marburg 1984.

Lindken, Hans-Ulrich: Arthur Schnitzler, Aspekte und Akzente: Materialien zu Leben und Werk. Frankfurt a. M. [u. a.] 1984.

Marcuse, Ludwig: Obszön. Geschichte einer Entrüstung. München 1962.

Neuse, Erna: Die Funktion von Motiven und stereotypen Wendungen in Schnitzlers *Reigen*. In: Monatshefte für deutschen Unterricht, deutsche Sprache und Literatur 64 (1972) H. 4. S. 356–370.

Pfoser, Alfred / Pfoser-Schewig, Kristina / Renner, Gerhard: Schnitzlers *Reigen*. Analysen und Dokumente. 2 Bde. Frankfurt a. M. 1993.

Reik, Theodor: Arthur Schnitzler als Psycholog. Minden 1913.

Rühle, Günther: Der ewige Reigen. In: Arthur Schnitzler: *Reigen*. Frankfurt a. M. 1987. S. 93–110.

Schiffer, Helga: Arthur Schnitzlers *Reigen*. In: Text & Kontext 11 (1983). H. 1. S. 7–34.